_____ 님께

예수와 함께하는 놀라운 모험에
당신을 초대합니다.

예수와 함께한
복음서 여행

데이비드 그레고리

최종훈 옮김

내 깊은 갈망의 답을 찾아서

예수와 함께한
복음서 여행

포이에마
POIEMA

예수와 함께한 복음서 여행

데이비드 그레고리 지음 | 최종훈 옮김

1판 1쇄 인쇄 2017. 8. 14. | **1판 1쇄 발행** 2017. 8. 22. | **발행처** 포이에마 | **발행인** 김강유 | **편집** 강영특 | **디자인** 이은혜 | **등록번호** 제 300-2006-190호 | **등록일자** 2006. 10. 16. | 서울특별시 종로구 북촌로 63-3 우편번호 03052 | 마케팅부 02)3668-3260, 편집부 02)730-8648, 팩시밀리 02)745-4827

값은 뒤표지에 있습니다. ISBN 979-11-5809-076-0 03230 | 독자의견 전화 02)730-8648 | 이메일 masterpiece@poiema.co.kr | 좋은 독자가 좋은 책을 만듭니다. | 포이에마는 독자 여러분의 의견에 항상 귀를 기울이고 있습니다.

이 도서의 국립중앙도서관 출판시도서목록(CIP)은 서지정보유통지원시스템 홈페이지(http://seoji.nl.go.kr)와 국가자료공동목록시스템(http://www.nl.go.kr/kolisnet)에서 이용하실 수 있습니다. (CIP제어번호: CIP2017019490)

차례

우리 가족의 참 작가이신
삼위일체 하나님께 드립니다.

1
초대장

세상이 끝나버린 건 아니었다. 끝난 건 내 세상뿐이었다.

여자애들은 하나같이 빤한 얘기로 날 위로하려 들었다.

"그런 자식은 없는 게 나아. 두고 봐, 앞으로 더 잘될 테니까."

"길에 나가면 깔린 게 남자야. 무슨 걱정이니?"

"걔는 자기가 무슨 보물을 놓쳤는지도 모를 거야."

일기에는 흔하디흔한 다짐 문구가 줄을 이었다.

"아픈 만큼 성숙하는 법. 더 나은 인간이 되어야 한다."

"아직 누군가를 만나 결혼할 준비가 덜 되었었나 보다."

"일에 집중하는 계기로 삼아야지."

하지만 어느 것 하나도 마음에 와닿지 않았다. 엄청난 실수를 저질렀다는 건 엄연한 사실이었다. 여태 만난 남자들 가운데 단연 최고였던 남자를 놓쳐버렸다. 제이슨과는 거의 2년 가까이 붙어 다녔다. 제이슨이 없는 미래란 상상조차 할 수 없었다. 하긴, 나만 그렇게 생각했을지도 모르지. 어쨌든 그날 저녁까지는 그랬다. 제이슨은 어느 회사의 3차 면접을 마치고 잔뜩 흥분해서는 노스 댈러스에 있는 내 아파트에 왔다.

"어떻게 됐어?" 문을 열어주며 물었다.

제이슨은 내 팔을 잡아끌고 안으로 들어가더니 다짜고짜 뜨거운 키스를 퍼부었다. "그 일 하기로 했어!"

"와, 해냈구나!" 키스를 돌려주었다.

"끝내준다! 언제부터 출근이야?"

"다음 주."

"헉! 좀 빠르네. 어느 쪽 사무실이야? 시내야? 아니면 갤

러리아 쪽?"

제이슨은 숨을 깊이 들이마시더니 소파에 털썩 주저앉았다. "그게… 둘 다 아냐."

나는 여전히 선 채로 되물었다. "둘 다 아니라니, 그게 무슨 소리야?"

"회사 쪽에서는 매니지먼트 훈련 프로그램을 살펴달래."

"그게 어디에 있는 프로그램인데?"

"애틀랜타."

무슨 대답이 나올까 겁이 났지만 묻지 않을 수 없었다. "얼마나 오래 있어야 하는데?"

제이슨이 머뭇거리며 대답했다. "1년."

제이슨은 애틀랜타로 떠났다. 전화가 오기도 하고 이쪽에서 걸기도 했다. 이메일도 주고받았다. 영상통화도 했다. 그렇게 석 달을 보낸 뒤, 우린 헤어졌다.

내 쪽에서 먼저 그만두자고 했다. 판을 엎는 건 항상 내 몫이었다. 하지만 제이슨과도 그렇게 될 줄은 꿈에도 몰랐다. 굳이 변명을 하자면, 제이슨의 일 욕심에 밀려 2등이 됐다는 느낌을 도저히 견디기 어려웠다. 제이슨에게 일이 중요하다는 걸 모르진 않았다. 하지만 그 일을 가까운 곳에서 구할 수도 있지 않았을까? 삶에서 가장 중요한 게 나였다면 그렇게 1년씩이나 멀리 떨어져 지내겠다는 결정을 내리지는 않았을 것이다. 잠시 떨어져 지내는 것뿐이라고 스스로 위로하고 또 달래보아도 그 열패감을 도저히 떨쳐낼 수 없었다.

각자 외로운 주말을 앞두고 있던 그 운명의 금요일 밤, 제이슨에게 전화를 걸어 단칼에 말해버렸다. "제이슨, 더 이상 못하겠어. 이제 그만 끝내자."

내 말을 들은 제이슨은 호들갑을 떨지 않았다. 그렇구나 싶었다. 제이슨은 그동안 별로 즐겁지 않았던 게 분명했다. 다시 생각해볼 여지도 없었던 모양이다.

제이슨이 없는 두 주를 견뎠다. 전화는 없었다. 이메일도 없었다. 영상통화도 없었다. 참담했다. 어딜 가나 제이슨이 떠올랐다. 미치도록 그리웠다. 결국 자존심을 누르고 전화를 걸었다.

"나야."

"어, 이렇게 전화할 줄 몰랐네. 깜짝 놀랐어." 그의 말투에 왠지 거리감이 느껴졌다. 그렇다고 그 사람을 나무랄 처지도 아니었다.

"음… 그렇지…." 잠깐 뜸을 들이다 말했다. "제이슨, 내가 잘못했어. 너무 감정적이었던 것 같아. 그땐 당신한테 내가 더 이상 중요한 존재가 아니라는 느낌을 받았어. 뭐랄까 거절감 비슷한 거 말이야. 하지만 당신을 사랑해. 당신도 날 사랑하는 거 알아. 생각해보니까 해결 방법이 없는 건 아니더라고. 필요하다면 애틀랜타로 이사할 수도 있으니까. 뭐든 일자리를 찾아야겠지만."

수화기 너머로 침묵이 흘렀다.

"제이슨?"

"응."

"내 말 들었어?"

"어."

"어떻게 생각해?"

대꾸가 없었다. 속이 울렁거렸다.

"제이슨, 미안…."

"엠마."

"응, 왜?"

"나 새로 만나는 사람 있어. 직장 동료야."

한 달 뒤, 금요일 저녁 6시가 막 지났을 무렵 집으로 돌아왔다. 옷을 갈아입고 텔레비전을 틀었다. 뭐 좀 재미있는 게 없나 이리저리 채널을 돌렸다. 뉴스. 스포츠. 영화 〈세븐틴 어게인〉. 속으로 생각했다. '그러게. 다시 열일곱 살로 돌아가면 얼마나 좋을까? 하지만 지금도 고작 스물아홉 살인데 이게 뭐람.'

계속 채널을 돌렸다. 어린이 채널은 통과. 〈행운의 돌림판〉에 이어 〈집 바꿔드립니다〉가 걸려들었다. 그만 떠돌고 거기에 안주하기로 한다.

정착이라… 내 인생을 졸이고 또 졸이면 그 한마디가 남을 것이다. 제이슨처럼 지역을 가리지 않고 더 나은 일자리를 찾아다니는 게 아니라 그저 그런 일자리를 찾아 정착했다. 제이슨과 함께 지낼 수 있으면 그걸로 충분했다. 내가 아는 사람들 근처에 머무는 대신, 친구들을 만나려면 한 시간이나 나가야 하는 직장 근처의 신축 아파트를 골라 정착했다. 어려서부터 10년 넘게 다닌 부모님 집 근처의 대형 교회에 그대로 나가는 대신, 아는 얼굴이 하나도 없는 길 아래쪽 교회에 정착했다. 그리고 6개월 전에는 꿈도 꾸지 못했던 이 생활에 적응했다. 평생 아무 데도 가지 않을 것 같은 생각이 들었다.

소파와 나란히 붙어 있는 식탁 끄트머리에 성경이 보였다. 손을 뻗어 집어 들었다. 제이슨과 헤어진 뒤로는 자주 성경을 펼쳐보았다. 전에도 아주 안 읽었던 건 아니지만, 제이슨과 만나는 동안에는 건성으로 훑는 게 고작이었다. 교회에 갔고, 직장인 모임에도 참석했고, 운전을 할 때면 늘 기독교 방송을 들었고, 기도하고 말씀 읽는 시간을 꼬박꼬박 지키려 애썼지만, 하나님과 단둘이 시간을 보낸 적은 많지 않았다. 하지만 이제는 하루 종일이라도 그분을 만날 수 있었다.

그런데 진짜, 진짜 궁금했다. 날 만나줄 시간이 하나님께 있기는 한 걸까? 솔직히 말하자면, 그분이 함께 있다는 게 도무지 실감이 나지 않았기 때문이다. 성경 말씀은 당연히 앞길을 인도해주어야 한다. 위로를 주어야 한다. 다시 확신을 주어야 한다. 그렇지 않은가? 하지만 제이슨과 헤어진 뒤로 수없이 성경을 펼쳐보았는데도 기대는 눈곱만큼도 채워지지 않았다.

어느 순간, 난 기도하고 있었다(적어도 생각은 했다. 그게 공식적으로 기도가 되는지는 잘 모르겠지만). "하나님, 성경을 읽는데도 얻는 게 없습니다. 복음서에서 이런 이야기들을 읽는 게 다 무슨 소용이란 말입니까? 발등에 떨어진 불을 끄는 데 보탬이 될 만한 소리는 하나도 없군요."

하나님이라면 당연히 만족을 주셔야 하는 거 아닌가? 복음성가들마다 그렇게 노래하거나 은근히 그런 분위기를 풍기지 않는가? 청소년부 목회자, 대학 채플 목사, 평범한 목사, 남다른 목사를 포함해 수많은 목회자들로부터 귀에 못이 박이도록 들은 소리도 "하나님이 필요를 채워주신다"는 것이었다.

홀로 소파에서 이미 천 번이나(뻥이라고? 알았다, 그럼 '수없이') 읽은 요한복음을 다시 보고 있는 이 상황에서 한 가지 문제가 있다면 그 내용이 사실처럼 보이지 않는다는 점이다. 예수님 말고 뭐가 더 있어야 했다. 성경은 내가 듣고 싶은 답을 주지 않았다. 인정하기가 죽기보다 싫지만, 내 인생에서 정말로 만족스러웠던 유일한 시간은 흘러간 과거에 있었던 게 아닌가 싶다. 내 만족의 대상이었던 사람은 넉 달 전에 조지아로 떠나버리고 말았다.

염려스러운 문제는 만족이 없다는 것만이 아니다. 고등학교를 졸업한 뒤로 처음, 신앙에 대한 회의가 슬금슬금 마음에 기어들기 시작했다. 처음엔 지워버리려 했다. 스스로 타일렀다. "누구나 가끔씩은 의심을 하는 법이야." 하지만 회의는 가라앉는 듯하다가 도로 떠올라 내 마음을 괴롭혔다. "삶의 형편에 따라서 하나님을 판단하면 안 된다"는 건 교회에 갈 때마다 듣는 소리였다. 하지만 막상 내 일이 되니 어쩔 수가 없었다. 어려서부터 줄곧 하나님의 선하심과 사랑에 대해 배웠다. 하지만 정말 중요한 문제가 터졌을 때 어디서 그 사랑을 찾을 수 있단 말인가?

솔직히 이런 생각을 하면서도 겁이 났다. 그동안에는 믿음에 회의를 품었던 적이 단 한 번도 없었다. 떨쳐버리지 못하면 어떻게 하지? 하나님이 있는지 없는지도 헤아리지 못한 채 평생을 살고 싶지는 않았다.

한숨을 내쉬며 성경을 탁자에 내려놓았다. 그러곤 냉장고에서 아이스크림 샌드위치를 꺼냈다. 우편함을 살피러 밖으로 나갔다. 열어봐야 보험사에서 보내온 '흥미진진한' 편지가 고작일 터였다. 우편물들을 꺼내서 하나하나 훑어보았다. 역시 광고, 광고, 또 광고였다. 신용카드처럼 생긴 치과 쿠폰이 보였다. 엔진오일 교환권도 있었다. 다음은 보험회사에서 보낸 편지였다. 빙고! 이어서 신용카드 신청서가 들어 있음직한 편지 두 통. 그리고 겉에 손글씨로 내 이름과 주소가 적힌, 안부 카드가 담겼음 직한 봉투가 나왔다. 흠. 순간적으로 그 사람이었으면 좋겠다는 간절함이 스쳐 지나갔지만, 제이슨의 글씨체는 아니었다. 게다가 발신자 주소도 없었다. 봉투 뒤편에 적힌 글씨라고는 보기 좋은 서체로 쓰인 한마디가 전부였다. "열어보세요."

당장 뜯어보고 싶었지만 아이스크림 샌드위치가 신경 쓰였다. 일단 집으로 들어가 손에 든 것들부터 죄다 내려놓았다.

안부 카드를 보낼 사람이 없는데, 누구지? 봉투를 뜯었다. 카드 앞장에는 나무 사이로 해가 떠오르는 사진이 성경 구절과 함께 박혀 있었다.

그러므로 믿음, 소망, 사랑, 이 세 가지는 항상 있을
것인데, 그 가운데서 으뜸은 사랑입니다.

-고린도전서 13:13

누군가 내 영적인 상태를 알고 격려 메시지를 보낸 듯했
다. 누가 보냈는지 확인하려고 카드를 열었다. 안쪽엔 겉봉
과 똑같은 글씨체로 이렇게 적혀 있었다.

가장 가까이에 열려 있는 문으로 들어가세요.

예수님과 함께하는 진짜 모험이 시작됩니다.

서명은 없었다. 이름도 없었다. '예수님과 함께하는 진짜
모험'이라고? 무슨 소리지? 세상천지에 나한테 이런 수수
께끼 같은 쪽지를 보낼 사람이 있었던가?

봉투를 다시 훑어보았다. 전혀 실마리가 보이지 않았다.

카드를 다시 열어보았다. 아무것도 없었다. 친구가 보낸 것 같기는 한데, 누군지 도무지 감이 잡히지 않았다.

요상한 건(하긴, 처음부터 끝까지 이상하지 않은 게 없지만) 편지를 보낸 사람은 가장 가까이에 열려 있는 문으로 들어 가라고 부추긴다는 점이다. 무슨 뜻일까? 곰곰이 생각해보 았다. 지금 이 순간, 하나님은 내 삶에 어떤 문을 열어놓으 셨을까? 테이블에서 펜을 가져다가 봉투 뒷면에 그럴 법한 답을 써내려가기 시작했다.

• 회계사무소 면접

지금 다니는 회사에 합격한 뒤에 시내에 있는 회계 법인에서 2차 면접을 보러 오라는 연락을 받았다. 정중하게 거절했지만 그쪽에서는 마음이 바뀌면 언제든지 이야기해달라며 문을 열 어두었다. 내가 다니는 회사는 다닐수록 실망스러운 점이 많이 드러났다. 어쩌면 지금이라도 2차 면접을 보러 가는 편이 나을 지 모른다.

• 가을 단기선교여행

새로 정한 교회의 직장인 모임에서 가을에 온두라스로 단기선교여행을 떠날 예정이다. 아직 회사에 정식으로 휴가를 신청한 상태는 아니지만, 여행을 따라가면 여러모로 유익한 게 많을 것이다. 모임에 나오는 이들을 더 잘 알 기회가 될 수도 있다. 게다가 선교여행을 다녀오면 인생이 달라진다고들 한다. **지금 이야말로 긍정적인 변화를 시도해야 할 시점이 아닌가!**

• 마이클

교회에서 내게 데이트를 신청한 남자다. 거절했다. 새로운 관계로 갈아타는 건 웬만하면 피하고 싶다. 하지만 잘못했는지도 모른다. 속으로는 새 사람을 만나 사귀고 싶은 마음이 간절할 수도 있다.

• 엘리슨의 아파트

열린 문이라고 할 만한 건 이게 전부다. 아, 하나 더 있다. 엘리슨이 자기 집에 들어와 같이 살자고 했다. 다시 시내 반대쪽으로 이사 가는 게 열린 문이 될 수 있을까? 출퇴근에 각각 한 시간씩 걸리는데 그저 친한 친구랑 같이 지내자고 그 고생을 해야 할까? 그래도 일단 목록에 넣어놓기는 했다.

카드를 다시 읽어보았다.

가장 가까이에 열려 있는 문으로 들어가세요.
예수님과 함께하는 진짜 모험이 시작됩니다.

예수님과 함께하는 진짜 모험이라고? 그럼 선교여행인가? 단기선교야말로 눈앞에 가장 확실하게 예수님 쪽으로 열려 있는 문이었다. 어쩌면 하나님이 나를 그쪽으로 이끄시는지도 모를 일이었다. 하지만 솔직히 말해서 이리저리하라고 방향을 짚어주신다는 게 믿기지가 않았다.

거실로 나와 서성거리는데 소파 곁에 둔 성경이 눈에 띄었다. 어쩌면 저게 열린 문인지도 모르지. 말씀을 읽으면서 예수님과 더 많은 시간을 보내라는 얘기일 수도 있어. 크리스천이라면 마땅히 그래야 하잖아, 안 그래? 소파에 앉아서 다시 성경을 펼쳤다. 이번엔 마가복음 어디쯤이었다. 눈길 가는 대로 읽기 시작했다.

그날 저녁이 되었을 때에, 예수께서 제자들에게 말씀하셨다. "바다 저쪽으로 건너가자." 그래서 그들은 무리를 남겨두고, 예수를 배에 계신 그대로 모시고 갔는데, 다른 배들도 함께 따라갔다. 그런데 거센 바람이 일어나서, 파도가 배 안으로 덮쳐 들어오므로, 물이 배에 벌써 가득 찼다. 예수께서는 고물에서 베개를 베고 주무시고 계셨다. 제자들이 예수를 깨우며 말하였다. "선생님, 우리가 죽게 되었는데도, 아무렇지도 않으십니까?" 예수께서 일어나 바람을 꾸짖으시고, 바다더러 "고요하고, 잠잠하여라" 하고 말씀하시니, 바람이 그치고, 아주 고요해졌다. 예수께서 그들에게 말씀하셨다. "왜들 무서워하느냐? 아직도 믿음이 없느냐?" 그들은 큰 두려움에 사로잡혀서 서로 말하였다. "이분이 누구이기에, 바람과 바다까지도 그에게 복종하는가?"

엄청난 기적 이야기다. 하지만 21세기 세계를 살아가는 내게 성경에 나오는 이런 이야기가 무슨 상관이란 말인가?

자리를 털고 일어나 책꽂이로 갔다. 뭔가 푹 빠져 읽을 만한 게 없을까? 나니아 시리즈가 보였다. 어려서는 참 좋아했는데⋯. 어쩌면 다시 읽어도 재미있을지 모른다. 크리스천의 삶과 관련된 책도 제법 여러 권이었다. 한 권 한 권이 얼마나 도움이 됐는지 모른다. 그다음은 인테리어 디자인 관련 서적들이었다. 전공을 바꿀까 고민하던 시절, 식구들이 사준 책들이었다. 그 가운데 한 권이 눈길을 사로잡았다. '문(Door)'이란 제목이 달려 있었다. 그림과 사진이 많이 들어가 설렁설렁 넘기며 볼 수 있는 일종의 화보집이었다. 책꽂이에 꽂기에는 여간 큰 덩치가 아니었다. 그러니까 뭐랄까… 거의 문짝만 했다. 온갖 종류의 문들이 다 있었다. 큰 문. 작은 문. 화려한 문. 평범한 문. 고풍스러운 문. 요즘 유행하는 문. 그다지 실용적이랄 수는 없었지만 무척 마음에 드는 책이었다. 문이란 말에 담긴 아이디어가 좋았다. 새로운 방, 새 집, 새로운 가능성을 열어젖힌다는 생각이 마음에 들었다.

불쑥 멍청한 생각이 떠올랐다. 안부 카드에 적힌 게 문자 그대로의 진짜 문 이야기일 수 있을까? 가장 가까이에 열려 있는 문으로 걸어 들어가라는 뜻이라면?

아파트 안을 빠르게 훑어보았다. 가깝기로는 침실로 통하는 문이 으뜸이었다. 게다가 열려 있기까지 했다. 말도 안 되는 짓이라고 생각하면서도 걸어 들어갔다. 반대편에 뭐가 있었느냐고? 흠… 엉클어진 침대랑, 바닥에 아무렇게나 널브러진 옷가지들, 그리고 절대 풀어볼 일 없는 책 두 상자 따위가 전부였다.

미쳤지, 정말 문을 걸어서 지나가다니! 시계를 보았다. 6시 23분이었다. 나가서 뭘 하기엔 아직 이른 시간이었다. 영화나 한 편 볼 생각이었다. 식품 보관실 선반에 캔디가 남았으면 한 줌 가져가는 게 좋겠다는 생각이 들었다. 빼꼼히 열려 있는 식품 보관실 문으로 다가갔다. 불현듯 착오가 있었다는 생각이 들었다. 카드를 열어볼 당시, 가장 가까이에 열려 있었던 건 침실 문이 아니라 바로 식품 보관실 문이었다.

혹시 지켜보는 이가 있는지 본능적으로 사방을 살폈다. 그리고 식품 보관실 문을 활짝 밀어젖혔다. 식품 보관실은 넓지 않았지만, 마음만 먹으면 얼마든지 안으로 들어갈 수 있었다. '예수님과 함께하는 모험에는 선반 왼쪽에 올려놓은 크래커를 챙겨 가볼까?' 하는 실없는 생각을 하면서 식품 보관실 문 안으로 발을 들여놓았다.

그 순간, 첫 번째 파도가 얼굴을 후려쳤다.

2
풍랑

숨이 턱 막혔다.

손으로 눈을 비벼보려 했지만 너무 늦었다. 다시 파도가 밀려와 이번엔 등을 강타했다. 앉아 있던 자리에서 굴러 떨어질 뻔했다. 도대체 이게 무슨….

목소리들이 들렸다. 겁에 질려 어쩔 줄 모르며 떠들어대고 있었다. 사방이 물이었다. 아니, 물이 발목까지 차올랐다. '물에 잠긴 배에서 내가 지금 뭘 하고 있는 거지? 꿈을 꾸고 있는 건가?'

주위를 살펴보았다. 나는 뱃전에 걸터앉아 있었다. 초라

한 모습의, 그것도 반쯤은 벗다시피 한 사내들 열 명 남짓이 배의 침몰을 막으려고 미친 듯이 날뛰고 있었다. 넷은 노를 저었다. 나머지는 정신없이 고인 물을 퍼냈다.

'현실일 리가 없어. 이건 실제가 아니야. 난 이런 배엔 절대로 오르지 않거든!'

파도가 들이닥칠 때마다 배는 요란하게 흔들렸다. 바람과 비, 파도 소리에 묻혀 사람들의 목소리는 거의 들리지도 않았다.

'꿈이든 현실이든, 여기서 지금 뭐가 어떻게 돌아가는지 알아야겠어!'

한낮인데도 뱃머리 너머는 전혀 보이지 않았다. 물가에서 3미터가 떨어져 있는지 3킬로미터 정도 떨어져 있는지조차 가늠할 수 없었다. 두 가지만은 확실했다. 우선 큰 바다에 떠 있는 건 분명 아니었다. 파도가 연신 얼굴을 때렸지만 소금기는 전혀 느껴지지 않았다. 둘째로, 다들 목숨을 부지하려 날뛰고 있지만 말짱 헛수고임에 틀림없었다. 물은 벌써 종아리까지 차오르고 있었다.

고물 쪽 뱃전을 단단히 움켜쥐고 악착같이 매달렸다. 한창 승강이를 벌이고 있는데 가까이 있던 한 남자가 배 뒤편을 향해 몸을 돌리더니 악을 썼다.

"선생님!"

사내가 바라보고 있는 방향을 쳐다보았다. 누구에게 고함을 치는 걸까?

"선생님!"

다시 파도가 얼굴을 강타했다. 얼굴을 뒤덮은 머리칼을 쓸어 올리고 눈가를 훔쳤다. 그러고 나자 그 사람이 보였다. 배 뒤편으로 1미터 남짓 떨어진 곳에 한 남자가 담요를 뒤집어쓴 채 쿠션에 기대어 잠들어 있었다. '아니, 어떻게 된 사람이 이 난리에 잠을….'

소리를 질러대던 남자가 나를 지나쳐 쿠션에 기대 잠든 사람한테 달려갔다. '배에 못 보던 여자가 갑자기 나타났는데, 전혀 눈치채지 못한 거야?' 사내는 상대를 흔들어대며 외쳤다. "선생님, 전부 물에 빠져 죽게 생겼어요. 한번 좀 보세요."

'잠깐, 이거 뭔가 익숙한 장면인데?'

순간, 아주 기괴한 생각이 떠올랐다. '이게 예수님과 함께하게 된다는 그 모험? 그러니까… 그러니까… 내가 성경의 한 장면 속으로 들어왔다는 거야? 그게 말이나 되는 소

리야?'

잠들었던 남자가 일어났다. 담요를 한쪽으로 밀어놓더니 뱃전을 붙들고 몸을 일으켰다. 30대 어간쯤 됐을까? 평균 키에 탄탄해 보이는 몸을 갖고 있었다. 온몸은 이미 다 젖어 물에 빠진 생쥐 꼴이었다. 남자는 내 쪽으로 성큼성큼 다가오더니 물을 굽어보았다. 그리고 입을 열어 무슨 말인가를 하려는 듯했다.

하지만 바로 그 순간 엄청나게 큰 물결이 나를 덮쳤다. 거대한 물결이 머리를 후려치고 온몸을 휩쓸었다. 물살에 몸이 휘청이며 뒤로 밀려났다. 온 힘을 다해 뱃전을 붙들고 늘어졌다.

하지만 보트는 저만큼 멀어지고 있었다. 정신을 차려보니 홀로 사나운 파도 속에 허우적거리고 있었다.

몸이 사납게 요동쳤다. 발버둥 치며 몸을 물 위로 끌어올렸다. 마침내 머리가 수면 위로 올라왔다. 아직 빠져 죽지는 않았다. 적어도 그 순간까지는 말이다. 하지만 여전히 몇 초에 한 번씩 파도가 밀어닥쳤고 그때마다 정신없이 흔들렸다. 머리가 찌처럼 수면을 오르내릴 때마다 보트를 찾았다. 하지만 한낮이라 해도 비가 억수같이 쏟아지고 하늘이 어두워 아무것도 분간할 수가 없었다. 정신을 차리려고 스스로 다그쳤다.

'침착해, 엠마. 예수님은 지금 풍랑을 잔잔하게 만들고 계셔. 몇 분 안에 호수는 유리바다처럼 잔잔해질 거야. 그러고 나면 예수님이 오셔서 손을 내밀고 널 물에서 꺼내주실 거야. 베드로가 가라앉을 때도 그러셨잖아.'

하지만 몇 초가 더 흘러갔다. 초침은 야속하리만치 꾸준히 돌고 있었다. 1분이 지났다. 폭풍우는 전혀 잦아들 기세가 보이지 않았다. 속에서 솟구치기 시작한 두려움도 좀처럼 가라앉지 않았다.

'이젠 정말 나쁜인가 봐. 꿈을 꾸고 있는 것 같지는 않은데, 이렇게 사나운 풍랑을 내 힘으로 헤쳐나가야 하다니… 일단 헤엄을 쳐야 해.'

고등학교에 다니던 시절, 친구들과 자주 시합을 하면서 열심히 수영을 연습해두었던 게 그나마 다행이었다. 하지만 그 시절과는 비교할 수 없을 만큼 몸이 불었다는 점이 발목을 잡았다. 게다가 그보다 더 심각한 문제가 있었다. 육지가 어느 쪽에 있는지, 얼마나 멀리 떨어져 있는지 도무지 가늠이 되질 않았다.

겁에 질려 성급해진 감정은 어느 방향으로든 가능한 한 서둘러 헤엄쳐보라고 보챘다. 빨리 뭍으로 나가는 게 최선이라는 것이다. 하지만 이성은 전혀 다른 이야기를 했다. 서둘러 테니스 슈즈를 발로 차버렸다. 자세를 바로잡고 몸을 뒤집었다. 파도가 얼굴을 덮치고 빠져나가는 틈을 노려 숨을 쉬려 안간힘을 썼다. 그리고 배영을 시작했다. 해변이 얼마나 멀리 떨어져 있든, 거기에 닿으려면 지금으로선 배영이 최선이었다.

헤엄치고 또 헤엄쳤다. 몇 번이나 물을 들이켰다. 머리를 수면에서 띄우는 데 온 신경을 집중했다. 1분이 가고 또 2분이 갔다. 남아 있던 햇빛마저 차츰 사라져갔다. 결국 사방이 완전히 깜깜해졌다. 앞뒤를 분간할 수가 없었다.

무작정 헤엄쳤다. 사지에 통증이 밀려들었다. '멈추면 안 돼, 엠마!' 팔다리가 더 아팠다. '계속 가야 해!' 팔다리가 욱신거렸다. '계속 움직여!' 팔다리가 1미터도 더 못 가겠다고 비명을 질러댔다. '못 가! 못 가겠다고!' 하지만 난 움직임을 멈추지 않았다.

왼팔이 무언가에 심하게 긁혔다. 발을 뻗자 호수 바닥에 닿는 느낌이 들었다. 뒤뚱뒤뚱 몸을 세워보려 했지만 도로 물속에 처박혔다. 일어서려다 비틀거리며 어둠 속에 고꾸라지기를 다섯 걸음쯤 되풀이한 뒤에야 간신히 물에서 빠져나올 수 있었다.

뭍에 오르긴 했지만 어디가 어딘지 가늠할 수 없었다. 어둠이 이렇게 짙을 수 있다는 걸 예전엔 미처 몰랐다. 서 있는 자리에서 단 한 발짝도 내디딜 엄두가 나지 않았다. 30미터만 더 나갔다가는 벼랑 아래로 곤두박질칠 수도 있다는 사실만큼은 분명했다. 날이 밝을 때까지 기다리는 게 상책이었다.

해변의 뻘에 그대로 주저앉았다. 몇 초도 지나지 않아서 어디선가 날 부르는 소리가 들렸다. 화들짝 놀라 자리에서 일어났다.

"걱정 마요. 내가 함께 있으니까." 남자의 목소리였다.

겁을 집어먹어야 할지, 안심을 해야 할지 판단이 서지 않았다. 눈을 부릅뜨고 누가 날 부르는지 살폈지만 소용이 없었다. 여전히 아무것도 볼 수 없었다.

"누구세요?" 조심스레 물었다.

"풍랑의 주인이죠."

상대가 뻘에 앉는 기척이 났다. 비는 그쳐 있었다. 들리는 소리라곤 힘겨워하는 내 숨소리와 부지런히 드나들며 발을 부드럽게 어루만지는 호수의 물결 소리뿐이었다.

오만 가지 생각이 머릿속을 어지러이 오갔다. 무엇보다 중요한 점부터 짚어야 했다.

"이게 실제 상황인가요?"

"맞아요."

"그러니까, 제가 지금 꿈을 꾸고 있는 게 아니냐는 말씀입니다."

"절대 꿈은 아니에요."

칠흑 같은 어둠 속에서도 두 팔에 소름이 돋는 걸 느낄 수 있었다. 기뻐 날뛸 일인지, 무서워해야 할 상황인지 헷갈렸다.

"하지만 제가 어떻게 여기까지 온 거죠?" 도로 자리에 앉으며 물었다.

"우리가 데려왔지요."

"우리라고요?"

"아버지와 나, 그리고 성령님 말입니다."

"그런 일이 어떻게 가능하죠?"

"내 아버지는 시간에 얽매이지 않으시거든요."

그 정도 설명으로는 양이 차지 않았지만 두 번째 문제로 넘어가기로 했다.

"풍랑을 잠잠케 하실 줄 알았는데 그러지 않으시더군요." 따지다시피 캐물었다. "왜 사납게 뛰노는 풍랑을 그대로 내버려두신 거죠?"

"지금은 잠잠하잖아요?" 목소리의 주인공이 되물었다.

"하지만 물에 빠져 죽을 뻔했잖아요!"

"하지만 죽지 않았죠."

"정말 죽다가 살아났다니까요!"

"엠마, 물론 당신 혼자 힘으로는 헤엄칠 수 없었을 겁니다. 하지만 내가, 필요한 힘을 당신에게 주었죠."

한동안 우리는 아무 말 없이 가만히 앉아 있었다. 힘을 불어넣는 대신, 그냥 물 밖으로 끌어낸다든지 하는 더 쉬운 방법을 쓸 수도 있지 않았을까?

"전 그냥 시키시는 대로 했을 뿐이에요. 열린 문으로 나오라면서요."

"그랬죠."

"그랬더니 다짜고짜 폭풍우 한복판이던걸요?"

"그랬죠."

"그러니까, 그때 곧바로 풍랑을 잠잠하게 해주시지 않은 이유가 뭐냔 말이에요."

"내가 꼭 그래야 하는 이유가 뭐죠?"

"성경에 그렇게 기록되어 있잖아요. 폭풍우를 단번에 잠재우셨다고요."

"엠마, 의도가 있기 때문에 풍랑을 **일으킨** 거예요. 그런데 그 목적을 다 이루기도 전에 바람과 물결을 거두어야 할 까닭이 어디 있겠어요?"

곱씹어볼 필요가 있었다. 예수님이 시키는 일을 정확히 다 했는데 눈을 떠보니 이 지경이었다? 그렇다면 어쩌다 보니 어려운 상황에 날 들여보내신 게 아니란 얘기다. 아예 처음부터 목숨이 위태로울 만큼 심각한 역경을 설계해두고 그 자리로 날 데려왔다는 뜻이다. 도대체 어떤 분이기에 나한테 이런 일을 당하게 하신단 말인가?

"당신을 믿겠다고는 차마 말씀드리지 못할 것 같네요."

"믿을 수 있을 겁니다." 예수님이 대꾸했다.

그러고는 끝이었다. 더 이상의 설명은 없었다. 약속도 없었다. 아무것도 없었다.

"당신을 믿고 싶은지도 잘 모르겠어요."

"그렇군요. 그건 당신에게 달렸죠, 그렇지 않아요?"

예수님이 자리에서 일어나 어디론가 걸어가는 기척이 났다.

"가시게요?"

"어딜 좀 가봐야 해서요." 예수님이 대답했다.

"제가 따라가야 하나요?"

"나중에 만나기로 하죠."

"어디서요?"

"어디서보다 언제가 중요하죠."

"어떻게 뵐 수 있죠?"

"바닷가에서 언덕 쪽으로 똑바로 걸어 올라와요. 꼭대기에 서면 온 동네에 아침이 밝아오는 게 보일 겁니다. 그리가서 열린 문으로 들어가면 돼요."

예수님의 발소리가 차츰 멀어져갔다. 1-2분 남짓 지나자 따라가려 해도 갈 수 없게 되었다.

나는 벌떡 일어서서 물었다. "집에 돌아가고 싶으면 어떡해요?"

목소리조차 가물가물해졌다. "말씀해주세요! 집에 가고 싶다고요!"

그러곤 잠깐 망설이다가 마지막으로 한 가지를 더 물어보았다. "혹시 집으로 가버리면 뭘 놓치게 될까요?"

예수님의 말씀이 들릴락말락 했다. "당신의 질문에 대한 답을 얻지 못하겠죠."

"무슨 질문이요?" 고함을 치다시피 물었다.

가만히 서서 귀를 기울였다. 발밑에 철썩이는 물결 소리만 들려왔다.

3
우물가의 여인

나는 해변의 모래밭을 가로질러 언덕을 오르기 시작했다.

"아…앗!"

몸을 숙여서 오른발에서 가시를 뽑아냈다. 순간, 팔이 무언가에 날카롭게 긁히는 느낌이 들었다. "아얏!" 팔을 얼굴 가까이 대고 상태를 확인했다. 여전히 아무것도 볼 수 없었다.

'끝내주는군. 가시를 밟고 덤불에 긁혀가면서 맨발로 산을 기어오르다니!' '집에 가고 싶어!'라는 문장이 끊임없이 머리를 맴돌았지만, 애써 떨쳐버렸다. 무엇이든 예수님이 나를 위해 계획하신 일이라면…. 방금 함께 이야기를 나눈 상대는 예수님이 틀림없는 듯했다. 예수님 말고 도대체 누가 그럴 수 있겠는가? 차라리 대놓고 물어보는 편이 더 정확했을지 모른다. 어쨌든, 예수님이 나를 위해 계획하신 일이라면 가시에 좀 찔리는 게 대수겠는가? 청바지를 입은 덕분에 그나마 다리는 다치지 않고 지킬 수 있었다.

5분 만에 야트막한 언덕 꼭대기에 올랐다. 그동안 가시에는 고작 두 번 더 찔렸을 뿐이다. 아침을 밝히는 첫 햇살이 지평선 위로 퍼져 나갔다. 아래로 조그만 동네 하나가 내려다보였다. 걸어서 10분이면 닿을 듯했다. 마을 쪽으로 막 발길을 돌리려는데 문득 어떤 생각이 떠올랐다.

'웬 여자가 흠뻑 젖은 티셔츠와 청바지 바람으로 동네에 나타나면 이 1세기 사람들은 어떤 반응을 보일까? 남자들이나 입을 법한 옷을 걸친 여자를 처벌하는 법이 있는 건 아닐까?'

더없이 무시무시한 상상과 염려가 덮치듯 밀려왔다.

'그런 죄를 지은 여자를 돌로 치라는 규정이 있으면 어떡하지?'

예수님의 마지막 가르침을 따르느라 나는 거의 물에 빠

져 죽을 뻔했다. 그런 판국에 낯선 이들이 있는 동네로 따라 내려가라는 예수님의 새로운 가르침을 따르는 것이 과연 올바른 선택인지 그다지 확신이 서지 않았다.

청바지 꼴을 다시 살폈다. 그런데 발치에 무언가가 떨어져 있는 게 보였다. 아직 사방이 어두컴컴한 터라 쉽게 분간이 가지 않았다.

자세히 들여다보니 샌들 두 짝이었다. 얼핏 내 발 크기와 비슷했다. 끌어다 발을 넣어보았다. 딱 들어맞았다.

신고 다니라고 예수님이 남겨두신 거구나 싶었다. 신발까지 챙겨주며 돌에 맞아 죽게 하신다? 그럴 리가 없겠다는 확신이 들었다. 아니, 100퍼센트는 아니고 거의 확신할 수 있을 것 같았다. 무슨 일이 일어나든 한번 맞닥뜨려보자는 용기가 생겼다. 언덕 아래로 천천히 내려가기 시작했다.

몇 분 걷지도 않았는데 벌써 마을 초입에 도착했다. 어떻게 하면 튀지 않고 사람들 틈에 섞이지? 하지만 목숨을 걸고 스며들 것까지는 없었다. 적대적인 시선에 부닥치면 가까이 열린 문을 찾아 냅다 뛰어들면 그만 아니겠는가? 진흙을 이겨 세운 구조물이 얼추 50미터 앞에 보일 즈음, 첫 번째 위협 요인이 등장했다. 한 남자가 나귀를 끌고 몇 집

아래 길모퉁이를 돌아 이편으로 올라오고 있었다. '이러다 간 나랑 딱 마주치겠어.'

난 걸음을 멈췄다. 가장 가까운 건물도 남자를 피하기엔 너무 멀었다. 쏜살같이 뛰어 남자를 지나치는 작전은 포기하기로 했다. 뒤를 돌아보았다. 언덕까지도 제법 멀어서 꼭대기로 도망가긴 어려울 성싶었다. 오도 가도 못하게 생긴 판국이었다. "예수님, 찬스 카드를 여기서 쓰고 싶습니다"라고 기도하는 것 말고는 달리 도리가 없었다.

남자와 당나귀가 점점 더 가까이 다가왔다. 주먹을 움켜쥐고 한바탕 몸싸움을 벌일 준비를 했다. 갑자기 수탉 한 마리가 크고 긴 울음을 뽑아냈다. 너무 놀라 펄쩍 튀어오를 뻔했지만 이를 악물고 참았다. 남자는 아무렇지도 않은 것처럼 다가왔다. 이젠 나와 그 남자 사이의 거리는 15미터도 안 될 만큼 가까웠다. 내 몸이 긴장으로 뻣뻣해졌다. 드디어 10미터. 남자는 내게 눈길조차 주지 않았다. 5미터. 아무 일도 일어나지 않았다.

남자는 심드렁한 표정으로 나를 지나갔다.

난 입도 벙긋하지 못하고 그 자리에 얼어붙은 듯이 서 있었다. 그제야 짚이는 게 있었다. 고깃배에 탔던 뱃사람들도 날 보지 못하는 것 같았다. 그럼 예수님 말고는 아무도 나를 보지 못하는 게 아닐까? 사실 예수님도 날 또렷이 본 건 아니었다. 둘이 함께 있었던 건 사실이지만 그땐 칠흑같이 어두웠으니까. 동네를 다시 한 번 훑어보았다. 전혀 위협적이지 않을 수도 있겠단 느낌이 들었다.

천천히 마을로 들어섰다. 날이 밝으면서 주민들이 깨어나고 있었다. 사람들이 주고받는 소리, 여기저기서 더 많이 울어대는 수탉 울음소리. 머릿수건을 쓰고 베일로 얼굴을 가린 여자가 집에서 나왔다. 여자의 뒤를 꼬맹이 하나가 따랐다. 여인과 아이는 문을 그대로 열어둔 채로 벽에 붙여 세운 차양 아래로 들어갔다. '외양간인가?' 짐승들이 시끄럽게 울어대는 소리가 들렸다. 염소들인 것 같았다. 다시 한 번 문 쪽을 살펴보았다. 기대를 품어볼 만했다. 저리 뛰어 들어가면 어딘가 다른 곳에 이르지 않을까? 그게 아니라면 1세기 히브리 주택에 아무 이유 없이 뛰어든 꼴이 될 터였다.

길을 위아래로 둘러보았다. 여자 둘이 더 보였다. 둘 다 머리를 가리고 얼굴에는 베일을 두른 모습이었다. 내 쪽을 보고 있지는 않았다. 재빨리 첫 번째 여인이 나온 문으로 다가가 집 안을 살폈다. 아이 셋이 짚자리 위에 곤히 잠들어 있었다. 곁에는 나이 많은 할머니가 누워 그르렁그르렁 코를 골았다. 누군가 날 볼 수 있다 해도, 들키지 않고 돌아다닐 수 있는지 여부를 알아볼 좋은 기회가 될 것이다. 숨을 깊게 들이마시고 문 안으로 쑥 들어갔다.

～

  햇살이 눈부셨다. 얼굴을 찡그리고 눈을 가늘게 떠야 했다. 이른 아침 풍경은 순식간에 사라져버렸고 뜨거운 태양이 정수리 위에서 이글거렸다. 온갖 식물들로 푸르른 호수와 언덕들이 물러간 자리에 먼지만 풀풀 날리는 척박한 풍경이 펼쳐졌다. 저만치 동네가 보였다. 방금 거쳐온 곳보다는 좀 더 커 보였다. 마을 맞은편으로 덩치가 더 크고 황량한 언덕들이 첩첩이 서 있었다. 내 왼편으로도 언덕들이 있었다. 규모는 상대적으로 작지만 동굴처럼 보이는 구멍들이 나 있었다. 갑작스레 풍경이 달라졌지만 처음만큼 거슬리지는 않았다. 이런 식으로 여행하는 데 차츰 익숙해지는 모양이었다.

50미터쯤 떨어진 곳에 펼쳐진 야트막한 돌담 같은 데 웬 남자가 홀로 걸터앉아 있었다. 심지어 내 쪽을 보며 손짓을 해 보이기까지 했다. 뒤를 한번 돌아보고 다시 그 남자를 쳐다보았다. '나한테 오라는 건가?'

"엠마!" 그 남자가 먼저 나를 향해 소리를 질렀다. 1세기 인류 가운데 내 이름을 알 만한 존재는 단 한 명뿐이었다. 적어도 내가 기억하기론 그랬다.

그를 향해 다가갔다. 지난번에 말씀하신 '질문'이란 게 도대체 무어냐고 물어볼 참이었다. "무슨 질문이요?" 소리를 막 입 밖에 내려는 순간, 누군가 동네에서 우리를 향해 다가오는 게 보였다. 어떤 여자였는데, 물동이 같은 걸 안고 있었다. 어딘가 모르게 이상해 보였다. 콕 집어 말하긴 어렵지만 분명 정상은 아니었다.

나는 잠시 멈춘 채 상황을 지켜보았다. 1세기의 다른 사람들처럼 그 여자도 날 알아볼 능력이 없다는 분명한 사실을 깨달았다. 오로지 예수님만 날 볼 수 있었다. 난 그 두 사람을 향해 걸어갔다.

난생처음으로 예수님을 찬찬히 살필 수 있었다. 살갗은 전반적으로 올리브색이었고 톤은 조금 어두웠다. 머리칼은

검은색이고 눈은 진한 갈색이었다. 더도 덜도 아닌 평균 키였다. 어린 시절부터 늘 봐왔던 그림들과 달리 음… 전형적인 유대인으로 보였다. 평범한 인상이었다.

예수님이 앉은 곳으로 여자가 다가왔다. 알고 보니, 거긴 우물가였다. 비로소 이 여자가 그 유명한 '우물가의 여인'이란 데 생각이 미쳤다. 그리스도의 여러 만남들 가운데 가장 유명한 사건을 직접 목격하게 된 셈이었다.

예수님한테는 눈길도 주지 않은 채, 여자는 단지를 우물가에 내려놓고 두레박을 내리기 시작했다. 코앞까지 다가가 여인을 더 자세히 관찰했다. 세상의 온갖 풍파에 시달린 사람의 모습이었다. 갖은 풍상으로 이마엔 깊은 주름이 패어 있었다. 얼굴엔 수심이 가득했다. 붉은색과 노란색으로 물들인 옷을 입고 있었다. 전에 들렀던 마을 주민들이 입었던 누르스름한 흰색 옷차림과는 확연히 달랐다. 옷단들이 다 해어져 너덜거렸다. 근사하게 꾸미고 싶지만 돈이 없어서 더는 차림을 유지하지 못하는 듯했다. 하지만 충격적이리만치 비정상적으로 보이는 대목은 따로 있었다. 베일을 쓰지 않은 건 물론이고 머리카락조차 가리지 않고 있었다. 다른 동네에서 보았던 여자들은 하나같이 베일과 머릿수건을 사용하고 있었다. 이쪽 문화권의 여자들은 다들 그러지 않나 싶었다. 하지만 이 여자는 사회규범을 따르길 포기해 버린 것처럼 보였다.

"물 한 모금 주시겠습니까?" 예수님이 여자에게 말했다.

그녀는 두레박을 내리다 말고 이상하다는 듯이 예수님을 바라보았다. "무슨 말씀이신지…."

"물 한 모금 주시겠습니까?" 예수님은 같은 물음을 되풀이했다.

여자는 두레박에 물을 채워 끌어올리더니 예수님을 돌아보며 말했다. "어떻게 유대인이, 사마리아 여자인 저한테 물을 달라고 하십니까?" 그리고 잠시 뜸을 들였다 말을 이었다. "정말 저한테 원하시는 게 물뿐인가요?"

여자의 말뜻을 이해하기까지 약간 시간이 걸렸다. 하지만 예수님은 금방 알아들은 것 같았다. 한쪽은 여자였고 혼자 우물가에 나왔다. 말투로 미루어보아 행실이 반듯한 것 같지는 않았다. 또 다른 한쪽은 남자고 역시 혼자다. 남자들은 보통 이런 식으로 여자에게 다가오지 않는다. '그럼 이 여자는 지금 예수님의 말을 같이 자자는 뜻으로 해석하고 있는 걸까?'

예수님은 여자의 질문을 무시하셨다. "하나님이 무얼 선물로 주셨는지 그리고 지금 당신에게 물을 달라고 청하는 사람이 누구인지 안다면 도리어 당신이 내게 부탁을 했을 겁니다. 나 역시 신선한 생명의 물을 주었을 테지요."

여자는 우물을 쳐다보더니 곧바로 예수님께 눈길을 돌렸다. "이 우물은 보통 깊은 게 아니랍니다. 게다가 선생님에게는 물을 퍼 올릴 만한 게 아무것도 없잖아요. 그런데 도대체 어디서 깨끗한 물을 구해주겠다는 거죠? 우리의 선조인 야곱이 우리에게 이 우물을 주었습니다. 그분과 그 후손들 그리고 가축들까지도 여기서 물을 길어 마셨죠. 뉘신지 모르겠지만 선생님이 야곱보다 더 위대한 분은 아니겠죠. 그렇지 않나요?"

예수님은 자리에서 일어나 두레박의 물을 여자가 가져온 물동이에 따라 부었다. "이렇게 물을 퍼다 마시면 얼마나 오랫동안 갈증을 느끼지 않을 것 같습니까?"

"무슨 말씀이신지 모르겠군요." 여자가 되물었다.

"언제 다시 물을 길러 나와야 하느냔 말이죠."

"내일요."

예수님은 고개를 끄덕였다. "당연히 그렇겠군요. 이런 물을 마시면 반드시 다시 목마르게 되어 있습니다. 하지만 내가 주는 물은 이런 물과는 완전히 다른 물이죠. 누구든지 내가 주는 물을 마시면 다시는 갈증에 시달리지 않게 될 겁니다. 내 물은 샘물처럼 당신 안에서 계속 솟아날 테니까. 절대로 그치는 법 없이 흘러내리죠."

여자는 갑자기 예수님 앞에 무릎을 꿇었다. "선생님, 그물을 제게도 주세요. 그럼 목이 마르지 않을 테고, 그러면 날마다 이 우물에 물을 길러 나올 필요가 없을 테니까요."

예수님은 두레박을 우물 근처에 내려놓고 여자 쪽으로 몸을 돌렸다. "당신 남편을 데려와요. 와서 더 많은 이야기를 나눠봅시다."

여자의 눈길이 땅으로 떨어졌다. "하지만 제겐 남편이 없습니다."

예수님은 도로 돌담에 걸터앉았다. "그렇군요. 다섯 남편이 있었지만 지금 함께 사는 남자도 결국 당신의 남편이 아니니…."

휘둥그레진 여자의 눈이 예수님의 눈과 딱 마주쳤다. 방금 들은 말에 정말 놀란 모양이었다. "선생님은 선지자시군요. 틀림없어요." 여자는 화제를 돌리며 말했다. "우리 조상

들은 이곳, 산 위에서 제사를 드렸습니다." 손가락으로는 마을 맞은편의 높은 언덕들을 가리켰다. "하지만 선생님과 같은 유대인들은 예루살렘에서 예배해야 한다고 하더군요. 어느 쪽이 맞는 얘기인가요?"

예수님은 여자를 향해 몸을 기울이며 말했다. "비밀을 하나 알려줄게요. 사실 하나님은 장소에 매이지 않으시죠. 산 위에서 제사를 드리든 말든 별 관심이 없다는 말입니다. 예루살렘으로 가서 제사를 드리는 것도 마찬가지죠. 이제부터 진심으로 예배하는 사람들은 어디에서 예배를 드리든 바로 그 자리에서 하늘 아버지가 주시는 새로운 영으로 그분을 경배하게 될 거예요. 하나님과 하나가 되는 게 가장 본질적인 부분이 되는 거죠. 하나님은 이렇게 예배하는 이들을 찾고 있습니다. 하나님은 영이시거든요. 그러니까 하나님을 진정으로 예배하려면 반드시 영으로 그분과 하나가 되어야 한단 말입니다."

예수님의 말을 들은 여자는 혼란스러워 보였다. 여자가 돌아가려는 듯 물동이를 들어 올렸다. "듣기로는 메시아가 오신다고 하더군요. 오셔서 우리가 알아야 할 것들을 다 알려주신다고요."

예수님은 우물곁에 서서 말씀하셨다. "여인이여, 당신이 지금 이야기를 나누고 있는 이가 바로 메시아요."

여자가 막 대꾸를 하려는데 뒤에서 인기척이 났다. 한 무리의(정확하게는 열두 명) 남자들이 우리가 있는 쪽으로 걸어오고 있었다. 다들 소박한 연갈색 옷을 입고 있었다. 제자들이었다. 고깃배 위에서도 만난 적이 있지만 그때는 너무 어두워서 자세히 살펴볼 수가 없었다. 예수님이 처음 말을 걸었을 때 여자가 그랬던 것처럼, 모두들 의구심을 떨쳐버리지 못하는 눈치였다. 예수님이 여자와 단둘이 이야기를 나누고 있다는 사실이 몹시 불쾌한 기색이었다.

여자는 우물가에 물동이를 버려두고 허겁지겁 마을로 돌아갔다.

제자들 가운데 하나가 동네에서 사온 빵을 내밀며 말했다. "선생님, 좀 잡숴보세요."

예수님은 고개를 가로저었다. "너희가 몰라서 그렇지, 내겐 먹을 것이 있다."

제자 둘이 소곤거리는 소리가 들렸다. "잡수실 만한 거 가져다드린 적 있어? 없지? 그럼 누가 음식을 마련해드린 거지?"

예수님은 빙그레 웃었다. "내 음식이 뭔지 말해주마. 내게 음식은 나를 보내신 이의 뜻을 행하고 그분의 일을 하는 것이다."

그러고는 내 쪽으로 오시더니 고갯짓으로 가까운 동산들 가운데 하나를 가리켜 보였다. "금방 돌아오마." 예수님은 제자들에게 그 한마디를 남기고 발걸음을 옮겼다. 나는 예수님을 따라나섰다.

서로 목소리가 들리지 않을 만큼 제자들로부터 멀리 떨어졌을 즈음, 내가 예수님께 물었다.

"저번에 무슨 질문을 말씀하신 거였어요?"

"기억 못하겠어요?"

옛일을 죄다 떠올려 샅샅이 뒤졌다. "예."

"언젠간 기억이 날 겁니다."

산자락에 도착했다. 다시 비탈을 오르기 시작했다. "그래, 한번 얘기해봐요. 그 여자를 어떻게 생각해요?"

"아까 우물가에서 만났던 그 여자요?"

"그래요, 바로 그 여자."

예수님과 우물가의 여인 이야기라면 이미 귀에 못이 박이도록 들어서 달달 외다시피 했지만 솔직하게 말씀드리기로 했다. "썩 와닿지는 않더라고요."

예수님은 날 흘끔 돌아보더니 다시 산을 오르기 시작했다. "그래요? 어째서?"

"됨됨이 때문에요."

"됨됨이가 어떤데요?"

"그 여자는 1세기 때의 시골 여자잖아요. 저랑은 많이 다르죠. 다섯 번 결혼한 것도 그래요. 전 엄연히 미혼이거든요. 지금 어떤 남자랑 같이 살고 있다면서요? 전 분명히 혼자라고요. 개인적으로는 그 여자가 이 사회에서 과연 발붙이고 잘 살 수 있을지 의심스럽네요."

예수님은 걸음을 멈추지 않은 채로 한바탕 웃음을 터트렸다.

"뭐죠?" 내가 퉁명스럽게 물었다.

예수님은 몇 걸음을 더 가도록 답이 없었다.

"왜 웃으시냐고요!"

"내 눈에는 빤히 보이는데, 엠마, 당신은 도통 모르고 있잖아요."

나는 걸음을 멈추고 팔짱을 끼며 다그쳤다.

"그러니까, 그게 뭐냐 말씀이죠."

예수님은 날 똑바로 처다보며 말했다. "그 여인이 바로 당신이에요, 엠마."

4
부자 청년

예수님은 다시 산을 오르기 시작했다.

"잠깐만요!" 나도 뒤를 따라가며 다급하게 불렀다.

하지만 꼭대기에 이를 때까지 예수님은 계속 걷기만 했다. 2분 늦게, 가쁜 숨을 몰아쉬며 나도 정상에 도착했다. 예수님은 이미 땅바닥에 앉아 있었다. 난 두 손으로 무릎을 잡고 서서 숨을 골랐다.

"아까 그 여자랑 제가 똑같다는 건 무슨 말씀이죠? 전 그 여자랑 조금도 닮지 않았어요!"

"내 생각은 좀 달라요."

"아하, 그러세요?" 한숨이 나왔다. "어떻게요?"

"이리 좀 앉지 그래요?" 예수님이 자리를 권했다.

맨바닥에 앉아 아래쪽 계곡을 굽어보았다. 나무 몇 그루와 밭 몇 뙈기가 황량한 벌판에 점점이 박혀 있었다. 왼쪽으로는 멀리 바다가 보였다. 지리 실력이 뛰어나진 않았지만, 적어도 이스라엘이 어디에 있는지 정도는 알고 있었다. '그럼, 저건 틀림없이 지중해일 거야.' 오른쪽으로는 한결 푸르른 대지가 펼쳐졌고 그 복판으로 강 한줄기가 아스라이 이어졌다.

언젠가 꼭 이스라엘에 가서 예수님이 걸었던 길들을 보고 싶은 마음을 오래도록 품고 있었다. 그런데 그 풍경이 눈앞에 펼쳐지고 있었다. '이게 예수님이 걸으셨던 길이구나. 아니, 걷고 계신 길이라고 해야 하나?' 서너 걸음 떨어져 앉은 그분을 슬쩍 훔쳐보았다. 아직 꿈만 같았다. '어떻게 예수님과 나란히 앉는 게 가능하단 말인가?' 너무나 엉뚱한 말씀을 하셔서서 잠간 뿔이 나긴 했지만, 어째서 많은 크리스천들이 날마다 예수님과 얼굴을 맞댔던 제자들의 경험을 동경하는지 알 만했다. 이런 일을 겪고 나서 어떻게 다시 댈러스의 일상으로 돌아갈 수 있을지 감이 잡히지 않았다.

이젠 훨씬 마음이 차분하게 가라앉았다. "자, 제가 어떻게 그 여자와 같은지 말씀해주세요. 전 도무지 납득이 되질 않으니까요."

예수님은 땅에 박힌 조그만 돌멩이 하나를 주워 손바닥 위에 올려놓고 천천히 굴려가며 말했다. "아까 그 여자는 자기 삶에 깊이 실망하고 있었죠. 스스로에 대해 올바른 답을 찾고 싶다는 뜨거운 열망은 갖고 있었지만 제대로 되지 않았어요. 수많은 관계를 맺었지만 돌아오는 건 좌절뿐이었어요. 여섯 명이나 되는 남자들한테 마음을 주었지만 다섯 명은 그녀를 거부하고 받아들이지 않았죠. 지금도 한 남자한테 휘둘리고 있어요. 일생이 거절의 연속이었던 겁니다." 그리고 예수님은 나를 돌아보며 물었다. "엠마, 당신도 관계 때문에 낙담하고 있죠?"

나는 고개를 끄덕였다. 집에서 2천 년 그리고 수천 킬로미터나 떨어진 이곳에서도 여전히 제이슨을 생각하고 있었다. 예상치 못했던 엄청난 사건들에 줄줄이 끌려 다니다 보면 옛일은 새카맣게 잊어버릴 것이라고 생각할지 모르지만, 사실은 그렇지 않았다. 온 세상의 주님과 산 위에 앉아 있는 동안도 여전히 제이슨이 보고 싶었다. 도대체 난 어떤 인간이기에 그럴까?

예수님은 다른 돌멩이 하나를 집어 들고 물끄러미 바라보았다. "좌절을 안기기에는 우정도 마찬가지였겠죠. 사실 그 여자한테는 친구가 없었어요. 늘 외로웠죠. 그래서 다른 친구들과 어울리지 않고 혼자서 우물에 나왔던 거예요. 동네의 다른 여자들은 그녀와 어울리려 들지 않았어요. 혹시 남편을 빼앗기지 않을까 두려웠거든요." 예수님은 돌멩이를 내려놓고 다시 날 돌아보았다. "서로 마음을 주는 친구들이 있어요, 엠마?"

"가까운 친구들이야 당연히 있죠." 방어적인 대답을 내놓고 잠깐 뜸을 들였다. "사실은, 지금은 곁에 없어요. 멀리 이사를 왔거든요." 눈을 돌려 산 아래 마을을 내려다보며 말했다. "아마, 다들 웬만하면 가족과 친구들을 등지고 이렇게 먼 데까지 떨어져 나오려 들지 않을 거예요."

"그래, 그럴 거예요."

둘 다 아랫동네를 굽어볼 뿐, 한동안 말이 없었다. 먼저 입을 뗀 건 예수님이었다. "실망스러운 것이 하나 더 있죠."

"뭔데요?"

"종교 말이에요."

"그 여자가 사마리아인이기 때문에 느끼는 실망 말인가요?"

예수님은 고개를 저었다. "실망은 그녀가 인간이기 때문에 느끼는 감정이에요. 종교는 늘 인간을 실망시키거든요."

예수님이 그런 말씀을 하시다니, 천만 뜻밖이었다.

"그녀는 혼란스러워하고 있어요." 예수님이 말을 이었다. "어려서부터 받아들인 신앙 체계가 있었지만 그걸 뛰어넘는 무언가가 있다는 걸 잘 알고 있죠. 그런데 그 무언가는 유대인을 통해서 오게 되어 있거든요. 사마리아인이라는 이유로 자신을 멸시하는 바로 그 유대인 말이에요. 예나 지금이나 유대인들은 한결같이 사마리아 사람들을 하찮게 여기거든요. 그러니 혼란스러울 수밖에요."

예수님은 내 쪽으로 몸을 돌리며 말했다. "하나만 물어볼게요. 혹시 신앙 때문에 실망한 적 없어요? 엠마가 받아들인 기독교는 처음부터 끝까지 약속을 잘 지키고 있냐고 묻고 있는 겁니다."

굳이 진실을 감출 이유가 없었다. "그렇지 않아요. 아니고말고요."

21세기 기독교의 결점들에 대한 토론이 시작될 줄 알았다. 혹은 더 심하게는, 하나님을 더 높은 우선순위에 두고 살아가는 문제에 관한 설교를 듣게 될 거라고 생각했다. 하지만 예수님은 난데없는 질문을 던졌다. "그럼, 엠마가 아까 그 여자를 상담한다고 생각해봐요. 어떻게 해야 한다고 조언해줄 건가요?"

나는 어깨를 으쓱해 보였다.

"그러니까, 무슨 말을 들려주고 싶어요?" 예수님은 똑같은 말을 되풀이했다.

손가락으로 머리칼을 빗어 올렸다. 잔뜩 떡이 져 있었다. 갈릴리 바다에 빠져 죽을 뻔한 뒤로 단 한 번도 빗질을 하지 않았다는 엉뚱한 생각이 떠올랐다. "글쎄요⋯." 나는 숨을 깊이 들이마셨다. "진심으로 사랑해줄 남자를 만나야 한다고 하지 않았을까요?"

"그렇군요!"

"그리고 친구가 한두 명쯤은 있어야 한다고 얘기하겠어요. 그 여자한테는 가까이 지내는 사람이 전혀 없는 것 같더라고요."

"그렇군요, 그다음엔? 그 여자가 엠마와 같은 시대와 장소에 산다고 치면 뭐라고 말해줄 건가요?"

"교회에 나가보라고 권하겠어요. 그녀를 사랑하고 용납하며 하나님의 진리를 가르쳐줄 교회를 잘 고르라고 할 거예요. 괜찮은 여성 성경 공부 모임이나 제자훈련 그룹에 들어갈 수도 있겠네요."

"좋아요. 자, 이제 사랑이 넘치고 헌신적인 남자와 절친한 친구들, 훌륭한 교회를 다 가졌다 치죠. 그럼 하나 물을게요. 그녀는 간절히 구하던 그걸 다 찾은 걸까요?"

막 입을 떼려는데 예수님이 손사래를 쳤다. "답을 듣기 전에 한 사람 더 만나보죠."

"누굴 보여주시려고요?"

"가보면 알아요."

예수님은 벌떡 일어서더니 비탈을 되짚어 내려가기 시작했다. 저만치 아래쪽으로 우물이 보였다. 마을 사람들이 그리로 몰려오고 있었다.

"어딜 가시게요?" 예수님을 따라잡으려면 발을 바쁘게 놀려야 했다. 예수님은 사시장철 언덕들을 오르내렸는지 아주 익숙한 모습이었다.

"우물로 다시 가려고요."

"뭘 하시게요?"

"마을 사람들을 만나야죠. 마을로 돌아간 여자가 소문을 냈거든요. 무슨 일을 했는지 다 아는 사람이 우물가에 있다고 말이에요. 그래서 다들 걱정했어요. '다' 안다는 그 내용 속에 자기들이 저지른 시시콜콜한 일도 들어 있는지 알고 싶어서 안달이 났죠."

"전 어떡하라고요?" 다그치듯 내가 예수님께 물었다.

"다음 약속 장소로 가 있어요."

"지난번에는 마을로 가서 열린 문을 찾으라고 말씀하셨잖아요."

"그건 일종의 시험이었어요. 이제 여기 있는 동안에는 따로 열린 문들을 찾아다닐 필요가 없어요."

나는 언덕배기에 그대로 멈춰 서서 물었다. "시험이라고요? 뭘 알아보는 시험이죠?"

예수님도 걸음을 멈추고 날 돌아봤다. "내가 말한 대로 당신이 따를지 말지를 알아보는 시험."

"하지만 예수님은 뭐든지 다 알고 계시는 줄 알았더니… 제가 어떻게 할지 모르셨어요?"

예수님은 웃음 띤 얼굴로 대답했다. "엠마가 무얼 하느냐는 나한테 보이기 위한 게 아니에요. 스스로에게 보여주기 위한 거지."

~

풍경이 달라졌다. 완만하게 비탈진 갈릴리의 풀언덕과 먼지가 풀풀 날리는 사마리아의 평원이 사라지고 울퉁불퉁 바위투성이에 깎아지른 절벽들이 늘어선 광야가 나타났다. 이런 땅에 누가 살고 있다는 게 믿기지 않았지만, 저만큼 앞에, 정확하게 말해서 100미터쯤 앞에 제법 많은 이들이 둥글게 자리를 잡고 모여 있었다. 그 사람들 가운데 누가 있을지 짐작이 가고도 남았다.

그쪽으로 걸어 올라갔다. 예수님은 어린아이들을 축복하면서 안아주고 있었다. 아이의 부모들은 기뻐서 어쩔 줄 몰랐다. 반면에 한편 구석에 선 제자들은 시무룩한 얼굴이었다. 왜 저렇게 풀이 죽은 얼굴들이지?

뒤를 돌아보니 수십 명(아니, 어쩌면 수백 명이었는지도 모른다)의 사람들이 저마다 아이들을 데리고 와 있었다. 하나님 말씀이 명쾌하게 선포되었다. 뭔지 모르지만 제자들이

짜놓은 그날 일정은 완전히 엉망진창이 된 게 분명했다. 아무리 참으려 해도 자꾸 웃음이 나왔다. 다들 불편한 기색이 역력했다. 이러지도 저러지도 못하고 예수님이 끝없이 밀려드는 아이들을 축복하시는 걸 그저 바라보기만 할 따름이었다.

예수님이 아이들을 하나하나 안아주고 손을 얹어 축복하며 기도하시는 모습을 제자들은 그냥 지켜보았다. 예수님은 커다란 바윗돌 위에 앉았고 아이들은 앞뒤로 기어올라 그분 품에 안겼다. 사람들은 사방에서 몰려왔다. 북새통 속에서도 어린아이 하나하나와 시간을 보내는 예수님은 마냥 즐거워 보였다.

얼마나 그렇게 서 있었을까? 앉아서 구경하기에 맞춤한 바위 하나가 눈에 들어왔다. 축복 행진은 끝없이 계속되다가 해가 질 무렵에야 끝이 났다. 마침내 해가 저물자, 예수님은 사람들을 집으로 돌려보내고 제자들과 함께 서쪽 길로 내려갔다. 나는 자연스럽게 그 뒤를 따랐다. 맞은편에서 한줄기 행렬이 긴 그림자를 늘어뜨리며 올라오고 있었다. 건장한 네 남자가 화려하게 장식한 가마를 떠멨고 그 위에 누군가 홀로 앉은 게 보였다. 그는 곱게 짠 천으로 만든 옷을 입고 있었다. 금실로 테를 두른 망토를 걸치고 머리에는 보석을 물린 머리띠를 두르고 있었다. 스무 살이나 됐을까? 앳된 얼굴이었다. 가마를 멘 이들은 물론이고 뒤따르는 열 댓 명의 수행원도 모두 칼을 차고 있었다. 행렬과 가까워지자, 제자들은 예수님께 바짝 붙어 그분을 둥글게 에워쌌다.

"멈추게!" 젊은이가 가마꾼들에게 명령했다. 사내들은 걸음을 멈추고 가마를 땅에 내렸다. 젊은이는 황급히 발판을 내려오더니 예수님 앞에 달려와 무릎을 꿇었다.

"선하신 선생님!" 머리를 조아리며 청년이 말했다.

"어째서 나더러 선하다 하시는가? 하나님 말고는 아무도 선한 이가 없네."

젊은이는 여전히 무릎을 꿇은 채 고개를 들었다. "부디 제 질문에 답을 말씀해주십시오. 어떻게 해야 영원한 삶을 얻을 수 있겠습니까?"

예수님은 미소를 지었다. "좋은 질문일세." 젊은이에게 다가가 그를 일으켜 세우고서 나란히 길을 걸어 내려갔다. 일행들도 줄을 지어 그 뒤를 따라갔다.

"자네가 말해보게." 예수님이 말했다. "성경은 뭐라고 말하던가?"

"'간음하지 말라, 살인하지 말라, 남의 물건을 훔치지 말라, 거짓 증언하지 말라, 부모를 공경하라'고 기록되어 있습니다."

"그렇군. 그럼 뭘 해야 할지 알고 있겠군."

"하지만 이런 명령들이라면 어려서부터 다 지키고 있습니다. 제가 놓치고 있는 건 없을까요?"

예수님은 걸음을 멈추고 젊은이의 눈을 마주보며 말했다. "이걸 놓친 것 같군. 가서 가진 걸 다 팔아서 그 돈을 가난한 이들에게 주게나. 그리고 돌아와서 날 따르게."

젊은이는 말을 잇지 못하고 멀뚱멀뚱 예수님 얼굴만 쳐다보았다. 그러더니 그의 눈길이 천천히 땅바닥을 향했다. 그러고 나서 등을 돌리더니 터벅터벅 가마로 돌아갔다.

어둠이 내려앉고 있었다. 예수님과 제자들은 가던 길을 계속 갔다. '날이 졌으니 멀리 가지는 못할 거야.' 속으로 생각했다. 다행스럽게도 10분 남짓 걷자 적당한 규모의 마을이 나타났다. 제법 큰 집이 보였다. 제자들은 그곳에서 하룻밤 묵을 수 있을지 알아보기로 했다. 잠시 후, 대문이 활짝 열리고 집주인과 가족들이 다 나와서 일행을 따듯하게 환영했다. 모두 어울려 집으로 들어가고 문은 다시 닫혔다.

난감했다. '참 나, 나만 못 들어갔네! 1세기 어느 동네의 지저분한 길바닥에서 밤을 지새우게 생겼네….' 그다지 피곤하지는 않았다. 그건 분명했다. 여기저기 1세기의 공간을 얼마나 넘나들었는지 정확히 알 수는 없었지만 설령 먼 거리를 움직였다 하더라도 아직은 에너지가 충분했다. 하지만 이미 해가 저문 터라 마을에 내려간다 해도 딱히 할 일이 있을 것 같지 않았다. 그렇다고 일행이 들어가버린 대문을 열어젖히기도 어려웠다. 날 볼 수 없으니 제자들은 귀신이 따라 들어온다고 생각할 게 뻔했다.

문제는 곧 해결되었다. 예수님이 문을 열고 밖으로 나왔기 때문이다.

"잠깐 산책 가지 않겠어요?" 예수님은 내 앞을 지나며 한마디를 툭 던졌다. 잘됐다 싶어 예수님을 따라나섰다.

"오밤중에 마을을 어슬렁거려도 안전할까요?"

"별로 권하고 싶진 않군요." 예수님이 대답했다.

우리는 느긋하게 걸음을 옮겼다. 왼쪽으로 돌아 다른 길로 접어들었다. 길은 캄캄했다.

"아까 그 부자 청년 말이에요." 예수님이 물었다. "엠마는 어떻게 생각해요?"

"그렇게 가버리는 걸 보니, 참 안타깝다는 생각이 들었어요." 잠시 침묵이 흘렀다. 말없이 걷다 물었다. "왜 그냥 그렇게 보내셨어요?"

"아직 준비가 돼 있지 않았기 때문이에요. 그 청년은 여전히 그릇된 확신에 매달려 있더군요."

칠흑 같은 어둠을 사이에 두고 대화하는 게 낯설었다. 한밤중에 차를 몰 때처럼 캄캄한 데서 수다를 떨었던 경험은 예전에도 숱하게 있었다. 그렇지만 그때는 늘 상대방의 얼굴을 볼 수 있었다. 지금은 나란히 걸으며 이야기를 주고받고 있기 때문에 예수님이 곁에 있다는 사실은 분명히 알지만, 그게 전부였다.

"무슨 말씀인지 도통 모르겠어요."

"그 청년은 세상에서 더 바랄 게 없을 만큼 많은 걸 가졌더군요. 겉으로만 보자면, 사마리아 여자와는 정반대인 셈이죠. 돈, 권력, 지위, 친구, 가족, 신앙…. 단 한 점 모자라는 게 없었어요. 당연히 세상이 주는 온갖 선물을 마음껏 누릴 수 있겠죠. 사마리아 여자는 그 가운데 무엇 하나 가진 게 없었어요. 그런데 그 둘이 똑같은 질문을 한 거죠. 마음 깊은 데서부터 '생명이 어디에 있습니까?'라고 묻더군요. 자기 내면엔 참 생명이 없다는 걸 누구보다 잘 알고 있기 때문이죠. 하지만 그 둘 사이에 다른 점이 있었어요. 그 여자는 생명이란 세상이 줄 수 있는 게 아님을 진즉부터 꿰뚫고 있었죠. 물질의 세계는 잠시 있다 스러지고 마는 것이라, 그 여자는 늘 갈증에 시달릴 수밖에 없었던 거예요."

"하지만 부자 청년은 아직 그런 결론까지는 이르지 못했군요." 내가 예수님의 말에 덧붙였다.

예수님은 대꾸하지 않았다.

"이리 가죠." 얼마쯤 걸은 뒤, 예수님이 말했다. 오른쪽으로 방향을 잡았다. 예수님은 여전히 말씀이 없었다. 갈수록 괜히 마음이 불편해졌다. 캄캄한 길을 걸어서가 아니라 내가 생각하는 바를 우리 둘 다 알고 있었기 때문이다. '내가 부자 청년과 다를 게 뭐란 말인가? 하나님을 알고 있으면서도 여전히 세상에서 만족을 얻고 싶어 하잖아?'

제이슨을 떠올렸다. 그 사람이 없이는 못 살 것 같았다. 관계가 깨지면 누구나 슬퍼하지 않느냐는 생각도 해보았다. 그래도 개운치 않았다.

"제가 좀 더 바람직한 선택을 했더라면 혹시…." 큰 소리로 말했지만 대부분은 나 자신에게 하는 소리였다.

"그건 중요하지 않아요."

"조금 더 헌신적이었더라면…."

"그다지 소용없었을 거예요."

고개를 돌리고 주님을 바라보았다. "소용없었을 거라니, 무슨 뜻이죠?"

"엠마, 세상이 주는 그 무엇도 궁극적인 만족의 근원이 될 수는 없어요. 관계든, 일이든, 재산이든, 돈이든 피조물들의 세계에선 어디서도 영원한 만족을 찾을 수 없단 얘기죠. 우물가의 여인도 그렇고, 부자 청년도 마찬가지예요. 거기선 만족을 구할 수가 없어요. 하나님이 거기에 두질 않으셨거든요. 그건 바로 하나님의 선물이에요."

"하나님의 선물이라고요? 뭐가요?"

"실망. 비참한 현실. 피조물의 세계에 속한 그 무엇도 가장 깊은 인간의 갈망을 채워줄 수 없다는 사실. 하나님은 더 깊고 높은 무언가를 추구하도록 사람을 지으셨거든요."

"하지만…." 무슨 말을 해야 할지 알 수가 없었다. 예수님 앞에서 얼마나 정직해질 수 있을까? 이런 문제들은 스스로에게도 웬만해선 솔직해지기 어려운 부류가 아니던가?

"하지만 전 주님과 이미 관계를 맺고 있잖아요? 그러니까, 옛날 옛적부터 전 이미 예수님을 구세주로 믿고 의지해 왔단 말이에요."

"그런가요?"

"그리고… 에….” 누구한테도 꺼내놓은 적은 없지만, 목이 터져라 부르짖고 싶었다. "그런데도 주님은 제 깊은 갈망을 채워주시지 않았다고요!"

말을 해놓고도 믿을 수가 없었다. 예수님이 무기력하다고 비난한 셈이었다. 모퉁이를 돌았다. 예수님은 저만치 보이는 집을 향해 걸어갔다. 어쩌면 아까 그 집으로 돌아왔는지도 모르지만 아직 정확하진 않았다.

"어디로 가세요?"

"집 안으로.” 예수님은 뒤도 돌아보지 않고 대답했다.

"잠깐만요!” 나는 잰걸음으로 예수님을 따라갔다. "잠깐만요! 죄송해요….”

그제야 예수님은 몸을 돌렸다. "뭐가요?"

"음… 아까 드린 말씀 때문에요. 기분 나쁘셨죠?"

그게 말이 되는 얘길까? 예수님도 기분 나쁠 때가 있을까? "너무 화내지 마세요.”

차마 얼굴을 마주 볼 수가 없었다. 본다 한들 표정을 제대로 읽어낼 수 없었을 것이다.

"아니에요, 엠마." 예수님의 목소리는 부드러웠다.

"저도 함께 들어가는 건가요?"

"아니에요. 엠마는 여기서 해야 할 일을 다 했어요."

"제가 해야 할 일이라고요? 그게 뭔데요?"

"스스로 진실을 인정하는 일."

예수님은 문을 열고 안으로 들어갔다. 그런 후 문 안쪽에 걸렸던 기름 등잔을 집어 들었다. 예수님과 눈이 마주쳤다. 화가 난 기색 따위는 찾아볼 수 없었다. 실망의 기운도 서리지 않았다. 그저 불쌍히 여기는 마음뿐이었다.

"그럼 전 이제 어떻게 되나요?"

"세상을 달리 보는 법을 배우게 되겠죠. 엠마는 과연 성경말씀을 믿어도 좋을지 의심스러워하고 있어요. 그걸 묻고 싶었던 거죠, 그렇지 않아요?"

"네, 맞아요." 나는 고개까지 끄덕이며 대답했다.

"음, 이제 곧 알게 될 거예요."

5
니고데모

나는 어두침침한 방에 서 있었다. 한쪽 구석에 놓은 등불이 실내를 은은히 밝히고 있었다. 방 안에 있는 사람들의 그림자가 길게 늘어졌다. 방 한가운데에는 길고도 야트막한 테이블이 자리를 잡았다. 예수님은 그 테이블에 비스듬히 기대어 앉아 있었다. 이야기를 꺼내려 했지만, 예수님은 입술에 손가락을 대며 막았다.

등 뒤에서 누군가 문을 두드리는 소리가 났다. 그쪽으로 몸을 돌렸다.

"들어와요." 예수님이 말했다.

문이 열리고 나이 많은 어른이 들어섰다. 예순 살쯤 됐을까? 회색 수염이 덥수룩했다. 하얀 옷감에 금테를 먹인 세련된 겉옷을 걸치고 허리에는 붉은 띠를 둘렀다. 머리에는 자줏빛과 금빛 실로 무늬를 넣은 두건을 쓰고 있었다. 나는 속으로 넘겨짚었다. '농사꾼은 아니겠군.' 노인은 문턱에 서서 주위를 살폈다. 이렇게 찾아온 걸 지켜보는 이가 없는지 확인하고 싶은 눈치였다. 그러더니 그는 얼른 문을 닫아걸었다.

"선생님!" 노인이 예수님을 불렀다.

"아, 니고데모 님!" 예수님이 알은척을 했다. "어서 이리 앉으세요."

니고데모라고? 잘 아는 이름이었다. 지체 높은 그 바리새인이 아니던가! 비로소 그의 고상한 차림새를 이해할 수 있었다.

노인은 예수님을 마주하고 테이블에 기대앉았다. 주님은 빵 한 덩이를 집어 들곤 큼지막하게 한쪽을 떼어 건넸다.

"자, 드세요."

"고맙습니다." 니고데모는 받아 든 빵조각을 입에 넣었다. 예수님도 빵을 입에 넣었다.

"니고데모, 무슨 일로 이 밤에 여길 찾아오셨습니까?"

"궁금한 게 있습니다." 니고데모가 대답했다. "답을 듣고 싶은 질문들이 있습니다. 그대는 하나님이 보내신 선생님입니다. 나는 그 사실을 잘 압니다. 하나님이 함께하지 않으시면 선생님이 지금껏 보여준 놀라운 기적들을 일으킬 수가 없을 테니까요."

"이게 바로 하나님나라가 움직이는 방식입니다." 예수님이 대답했다. "하나님나라에 대해 더 알고 싶은 건가요?"

니고데모는 고개를 끄덕였다.

"그러면 성심껏 알려드리죠. 다시 태어나지 않고서는 아무도 하나님나라를 볼 수 없습니다."

거듭남. 그게 바로 그날 예수님과 니고데모의 대화 주제였다. 하지만 예수님은 어째서 거듭남에 관한 이야기를 내게 들려주고 싶어 하셨을까? 난 진즉에 거듭났다. 열한 살 때 여름성경학교에 참석했다가 예수님을 구주로 영접했다. 죽으면 하늘나라에 들어갈 거라는 사실을 이미 알고 있었다. 그런데 왜?

니고데모의 미간에 주름이 잡혔다. "하지만 이렇게 늙은 몸으로 어떻게 다시 태어날 수 있겠습니까? 어머니 배 속으로 도로 들어갈 수도 없지 않습니까? 저로선 두 번 태어날 도리가 없습니다."

예수님은 빙그레 웃으며 말했다. "이제부터 이야기하는 건 어김없는 진실입니다. 성령님으로 거듭나지 않고는 그 누구도 하나님나라에 들어갈 수 없습니다. 인간은 인간을 낳습니다. 하지만 성령님은 영을 낳습니다. 그러니 다시 태어나야 한다는 말에 놀랄 필요가 없습니다."

예수님은 잠깐 뜸을 들였다가 말을 이었다. "이리저리 내키는 대로 부는 바람과도 같습니다. 소리는 들을 수 있지만 어디서 왔다가 어디로 가는지는 알 수 없지요. 성령으로 태어난 이들은 다 이와 같습니다. 결과는 눈으로 보지만 어떻게 그런 일이 일어났는지는 알지 못합니다."

문을 두드리는 소리가 들렸다.

"들어오세요." 예수님이 대답했다.

수수한 옷을 입은 남자가 문을 열고 니고데모를 바라보며 말했다. "선생님, 잠깐 시간을 좀 내주시겠습니까?"

노인은 예수님과 눈을 맞추었다. 분명 가고 싶지 않은 눈치였다. "금방 돌아오겠습니다." 니고데모는 자리에서 일어나 남자를 따라 나갔다.

예수님은 빵 덩어리에서 다시 한쪽을 떼어냈다. "빵 좀 줄까요?"

나는 냉큼 받아서 한 입 베어 물었다. 거칠고 밍밍한 맛이 났다. 난데없이 장삿속이 발동했다. '여기다 프랜차이즈 빵집을 내면 떼돈 벌겠어.'

마지막 한 조각을 입에 욱여넣을 즈음, 아까 품었던 궁금증이 되살아났다. "절 왜 이리 데려오셨어요? 거듭나는 게 뭔지, 이미 알고 있는데요?"

예수님은 한 조각을 더 잡순 후 대답했다. "하지만 다시 태어날 때 무슨 일이 일어나는지 제대로 모르는 것 같더군요. 인류의 가장 큰 문제가 뭐라고 생각해요, 엠마?"

더없이 포괄적인 질문이었다. 가난. 전쟁. 답을 꼽자면 끝이 없었다. 그 모든 것의 바탕을 이루는 요인이 참 답일 것 같았다. "너나없이 죄인이라는 게 문제 아닐까요? 죄를 용서받아야 한다는 거죠."

"맞아요! 인간은 속속들이 죄에 물들었고 반드시 용서를 받아야죠. 하지만 그게 가장 중요한 문제는 아닙니다."

"아니라고요?" 놀랐다. 하나님의 입장에서 보자면, 죄보다 더 심각한 문제가 어디에 있겠는가? 그렇지 않은가?

예수님은 고개를 가로저었다. "아니에요. 용서는 가장 큰 숙제가 아니에요. 죄마저도 첫손에 꼽을 만큼 주요한 문제는 아니죠. 더 이상 죄를 짓지 않는다 하더라도 여전히 풀어야 할 매듭이 남아 있으니 말이에요."

"전 전혀 감이 잡히지 않는데요."

"정말 문제는 말이죠, 인간은 하나같이 죽어 있다는 사실이에요."

생각지도 못했던 답이었다.

예수님은 말을 이었다. "하나님께 반역하는 순간, 인간은 내면에서 이미 죽어버렸어요. 하나님에 대해 죽은 거지요. 인간의 깊고 깊은 내면을 차지하는 영이 하나님과 완전히 단절되고 말았어요. 걸어 다니는 주검이나 다름없는 신세가 된 거죠. 몸은 살아 있지만 내면의 가장 깊은 곳에서부터 하나님의 생명이 끊어져버렸으니까요. 송장의 문제가 무엇이겠어요. 문제는 단 하나, 생명이 없다는 거죠."

머릿속으로 요한복음 1장의 몇 구절을 더듬었다. 그 역시 어린 시절, 어느 수련회에 참석해서 외운 말씀들이었다. "그 안에 생명이 있었으니 이 생명은 사람들의 빛이라"(요 1:4).

"하나님이 생명이시군요." 나도 모르게 중얼거렸다.

"맞아요. 인간은 하나님으로부터 단절되었어요. 해결책은 단 하나뿐이에요. 하나님이 자기 생명을 심어주셔야 하죠. 거듭난다는 말의 참뜻이 바로 이거예요. 하나님의 생명을 받아 가진다는 말이죠. 니고데모는 이 진리를 깨달아야 하는 거예요. 그 사람은 이스라엘의 스승이거든요. 이건 히브리 성경들이 가르치는 내용이기도 하죠."

"구약에 나온다고요? 어디에요?"

"예를 들자면 에스겔서도 그렇죠. '너희에게 새로운 마음을 주고 너희 속에 새로운 영을 넣어주며, 너희 몸에서 돌같이 굳은 마음을 없애고 살갗처럼 부드러운 마음을 주며'(겔 36:26, 새번역)라고 되어 있어요."

"무슨 심장이식 얘기처럼 들리는데요?"

"심장이식이나 **같은 이야기예요**. 나를 믿고 거듭나면, 하나님은 말 그대로 낡고 죽은데다가 하나님을 거역하는 영을 거둬가고 그 자리에 그분의 형상대로 지음 받아 그분에 대해 살아 있는 새로운 마음을 장착해주시거든요. 성령님은 거듭난 이의 새로운 영과 연합해서 스스로 하나가 되시고 하나님의 생명을 불어넣어주신다는 말이죠. 옛사람은 사라지고 처음부터 끝까지 완전히 새로운 사람이 탄생하는 거지요."

잠시 생각을 가다듬을 필요가 있었다. "그렇지만 전 아직 죄인인걸요. 날이면 날마다 죄를 짓는다고요."

"그래요, 당신은 여전히 죄를 짓지요. 하지만 당신 존재의 가장 깊은 곳에서는 더 이상 죄인이 아니에요. 엠마라는 인간의 정체성은 죄인이 아니라는 뜻이죠. 하나님에게서 비롯된 존재라는 이야기예요. 그런데 하나님이 죄인들을 낳으실 리가 있겠어요? 어림없는 얘기죠."

"내면의 가장 깊은 부분이 달라졌는데, 저는 어떻게 계속 죄를 지을 수가 있는 거죠?"

예수님은 다시 빵 한 조각을 떼어 건네셨다. 일단 받아두는 게 예의 같았다.

"그건 다음에 살펴보기로 하죠. 지금은 그저 하나님나라에 들어가면 어떤 일이 일어나는지만 알아두면 좋겠군요. 당신은 그저 죄만 용서받은 게 아니에요. 훨씬 더 많은 일들이 벌어진단 얘기죠. 옛 엠마는 더 이상 존재하지 않는다는 이야기예요. 새로운 엠마가 창조되었고 내가 스스로 새로워진 그 엠마와 하나가 되었어요. 우리 둘이 하나라는 이야기죠. 그것도 영원토록 말이에요."

예수님은 자리에서 일어나 테이블 한쪽 귀퉁이로 걸어갔다. 얼른 따라 일어서며 물었다. "이제 어디로 가죠?"

"니고데모가 돌아오면 이야기를 좀 더 나눠야겠어요. 그 사람도 이 사실을 제대로 알아야 할 테니까 말이에요."

"그럼 전 어떡하죠?"

"엠마, 하나님나라에서 삶이 어떻게 돌아가는지 당신은 좀 더 배워야 해요."

쭈뼛거리며 내가 다시 물었다. "다시 폭풍우 속에 처넣거나 하시는 건 아니죠?"

예수님은 환하게 웃었다. "그렇다고 해도 우린 함께예요. 난 늘 엠마와 함께 있어요. 알죠?"

6
호수에서

눈앞에 큰 무리가 보였다. 다들 너른 물가에 조용히 앉아 있었다. 갈릴리 호수처럼 보였다. 너나없이 정면을 바라보며 누군가의 목소리에 귀를 기울이고 있었다. 누가 이야기를 하고 있는지 가늠할 길이 없었다. 청중을 헤치고 가까이 나갈 수도 없었다. 사실 굳이 그럴 필요도 없었다. 주인공의 정체는 확인하나마나 뻔했다.

익숙한 목소리가 들렸다. "누가 한쪽 뺨을 때리거든 다른 뺨도 돌려 대주십시오. 누가 여러분을 고소해 속옷을 빼앗으려 하면 겉옷도 서슴없이 내어주십시오."

한두 번 읽었던 얘기가 아니었다. 하지만 정말 주의 깊게 본 적이 있기는 한지 의심스러웠다. 아무도 내 뺨을 때리거나 겉옷을 달라고 요구하지 않았다. 물론, 예수님 말씀은 광범위하게 적용된다는 걸 알고는 있지만, 그래도 내가 사는 댈러스의 일상과는 무척 동떨어져 보였다.

"달라는 사람에게는 주고, 여러분의 것을 가져가는 사람에게서 도로 찾으려고 하지 마십시오."

하지만 내게 뭔가를 달라고 요구한 사람은 거의 없었다. 적어도 돈 같은 걸 요구한 사람은 없었다. 스팸메일 같은 것이 아니고서야 내게 뭘 받겠다고 요구한단 말인가? 예수님이 그런 경우를 염두에 두셨을 리가 없었다.

"남에게 대접을 받고자 하는 대로, 남을 대접하십시오. 원수를 사랑하십시오. 미워하는 사람들에게 잘해주십시오. 저주하는 사람들을 축복하십시오. 모욕하는 사람들을 위하여 기도하십시오."

귀를 쫑긋 세웠다. 그 또한 지금껏 헤아릴 수 없을 만큼 자주 읽은 말씀이었다. 그런데 지금은 그게 꼭 나한테 개인적으로 들려주시는 이야기처럼 들렸다. 제이슨을 생각했다. 물론 제이슨이 원수는 아니다. 하지만 그는 내게 깊은 상처를 주었다. 하지만 그를 위해 마지막으로 기도한 게 언제였던가?

"여러분을 사랑하는 사람들만 사랑하면, 무슨 상을 받겠습니까? 죄인들도 자기네를 사랑하는 사람들을 사랑합니다. 여러분을 잘 대하여주는 사람들에게만 좋게 대하면, 남들보다 나을 게 뭐란 말입니까? 그쯤이야 누구나 다 합니다. 하지만 원수를 사랑하고, 그들에게 친절을 베풀어주고, 또 아무것도 바라지 말고 그냥 꾸어주십시오. 그러면 지극히 높으신 분이 한없이 큰 상을 주실 겁니다. 그분은 은혜를 모르는 사람들과 사악한 사람들에게도 인자를 베푸시기 때문입니다."

메시지가 뚝 끊어졌다. 앞줄에서 무슨 일이 벌어졌는지 전혀 가늠할 수 없었다. 청중들은 차츰 흩어지기 시작했다. 마침내 앞으로 나갈 길이 열렸다. 아무도 내 존재를 눈치채지 못했다. '또 투명인간이 됐군!'

무리를 헤치고 앞줄로 나섰다. 때마침 예수님이 내 쪽을 돌아보았다. 눈이 딱 마주쳤다. 예수님은 고개를 까딱해 보였다. 마치 "이리 와주어 반가워요"라는 신호를 보내는 것 같았다.

예수님이 있는 곳으로 가까이 다가가는데 남자 넷이 성큼성큼 걸어왔다. 무슨 소릴 하고 있는지 정확히 들리지는 않았지만 이야기를 들은 예수님은 몹시 괴로워 보였다. 예수님의 얼굴에 서글픈 표정이 가득했다. 예수님은 가까이에 있는 몇몇 제자들을 돌아보며 말했다.

"배를 타고 건너편으로 갈 채비를 하거라. 잠시 혼자 있고 싶구나."

마지막 한 사람까지 다 돌아갔을 즈음, 제자들은 배 세 척을 물가에 댔다. 예수님은 내게 걸어왔다. 목소리가 착 가라앉아 있었다. "배를 탈 준비가 됐습니까?"

"폭풍우가 몰려오고 있느냐 아니냐에 달렸죠." 짓궂은 웃음을 지어 보이며 내가 대답했다.

"이번엔 괜찮아요." 우스갯소리처럼 들리진 않았다.

예수님은 배에 올랐고 여느 때처럼 고물 쪽 자리에 가 앉았다. 나는 그 뒤를 좇았다. 하지만 궁금했다. 제자들도 함께 타고 있는 이런 배에서 어떻게 나와 대화를 하시려는 거지? 다른 사람들은 날 볼 수 없으니, 제자들의 눈에는 바로 뒷자리에 앉은 예수님이 혼잣말을 하시는 것처럼 보일 게 빤하지 않은가? 제자들 넷이 배에 올랐다. 나머지는 다른 배에 나눠 탔다. 그런 후 모두 기슭을 떠나 큰물로 나섰다.

나중에 밝혀진 것처럼, 그건 쓸데없는 걱정이었다. 바람 소리, 철벅거리며 노 젓는 소리, 제자들이 떠드는 소리 따위가 뒤엉켜 뱃전은 생각만큼 조용하지 않았다. 예수님이 대화의 물꼬를 터주길 기다렸지만, 예수님은 내내 말이 없었다.

호수를 한참 가로질렀을 즈음, 나는 예수님께 물었다.

"아까 그 남자들이 예수님께 무슨 이야기를 한 거예요?"

"요한이 참수를 당했다는군요."

"요한이라고요?"

"세례 요한 말이에요."

그렇군. 그때까지 세례 요한이 살아 있었다는 사실을 깜빡 잊고 있었다. "그 때문에 그토록 괴로워하신 거예요?"

"맞아요."

"세례 요한이 선지자이기 때문인가요? 예수님을 세상에 알린 사자라든가, 뭐 그래서인가요?"

"세례 요한은 내 일가붙이였어요. 혈통으로도 그랬지만 영적으로도 누구보다 가까웠죠. 태어나기 전부터 성령이 그 안에 머물렀거든요."

"그래서 잠시 따로 떨어져 있고 싶어 하셨군요."

"맞아요."

주변에서 벌어지는 대소사에 정서적으로 영향을 받으시는 예수님을 마주할 준비가 되어 있지 않았구나 싶었다. 하나님이라면(예수님도) 당연히 금욕적이고 인간사에 흔들리지 않는 분이어야 한다고 생각했던 게 사실이다. 그런 관점이 틀렸다는 걸 비로소 깨달았다.

"제가 공연히 끼어들어서… 죄송합니다."

주님은 따뜻하게 미소를 지었다. "아니에요. 괜찮아요. 모두 내가 주선한 일인데요. 잊지는 않았겠죠?"

한동안 말이 끊어졌다. 침묵 속에 배는 물살을 갈랐다. 호수는 아름다웠다. 물은 깊고 푸르렀다. 풀로 뒤덮인 언덕들이 주위를 감싸고 있었다. 참다못해 마침내 용기를 내서 내 마음에 떠오르는 생각을 조용히 말씀드렸다.

"아까 저편에서 가르치신 게 바로 일전에 말씀하신 하나님나라의 삶이 돌아가는 방식이군요? 그렇죠?"

"그 가운데 일부죠."

"하지만 제 처지에서는 그 가르침을 어떻게 적용할 수 있을지 도무지 모르겠어요. 제이슨한테는 아예 시도조차

해볼 수가 없다고요. 우린 벌써 깨져버렸으니까요."

"엠마, 제이슨이 당신의 삶에 있는 유일한 남자는 아니잖아요."

"우리가 아직 만나고 있었더라도 마찬가지예요. 예수님이 말씀하신 게 얼마나 효과적일지 잘 모르겠어요. 저는…."

"사랑은 효과적인 일을 하게 하지는 못하죠." 예수님이 쿡 찌르고 들어왔다.

전혀 예상치 못했던 답이었다. "무슨 말씀이신지 모르겠어요."

예수님은 뱃전에 몸을 기대고 손으로 호수 물을 떠서 얼굴을 씻어냈다. 벗어두었던 겉옷 자락으로 물기를 닦고 다시 자리에 내려놓았다. 그러곤 날 바라보며 이야기했다. "엠마, 사랑한다는 것은 그냥 조건 없이 사랑하는 거예요. 결과를 만들어내려 애쓰는 건 절대 사랑이 아니에요. 결실을 요구하는 건 죽었다 깨나도 사랑이 될 수 없어요. 건너편 물가에서 이야기한 것처럼, 하나님은 은혜를 모르는 사람들과 사악한 사람들에게도 인자를 베푸셔요. 상대가 사랑에 반응하든 말든 가리지 않아요. 인자하다는 건 누군가에게 은덕을 베풀어서 상대방을 유익하게 하는 쪽을 선택한다는 뜻이에요. 받는 쪽의 행실에 따라 주고 말고 하는 게 아니란 말이죠. 무슨 짓을 하느냐와 상관없이 상대방에게 가장 바람직한 일을 해주는 게 사랑이에요."

"하지만 한계가 있지 않을까요?" 내가 이의를 제기했다. "그야말로 아무런 반응도 돌아오지 않으면 어떡하죠?"

"천만에요!" 예수님은 단호하게 말했다. "사랑엔 한계가 없어요. 엠마는 아직 엄마가 되어보지 않았지만…." 나는 재빠르게 말을 끊고 끼어들었다.

"'아직'이라고 하시면, 언젠가 되기는 될 거란 말씀인가요?"

예수님의 얼굴에 웃음기가 감돌았다. "된다, 안 된다 얘기가 아니에요. 엄마가 되어보면 훨씬 쉽게 이해할 수 있단 말이죠. 좋은 부모는 아들딸들에게 인자한 법이에요. 꼬맹이들이 못된 짓을 한다손 치더라도 부모는 아이에게 가장 유익한 일을 해주려 갖은 노력을 다 기울이잖아요. 꾸짖는 게 자녀에게 가장 좋은 길이다 싶으면 회초리를 들기도 하죠. 그렇고말고요. 하지만 그 회초리도 인자의 표현이에요. 자신이 아니라 상대의 유익을 구하는 행동이니까."

"제 부모님도 그걸 참 잘하셨어요." 옛 기억들을 떠올리며 말씀드렸다.

"엠마도 잘할 거예요." 한쪽 눈을 찡긋해 보이며 예수님이 말했다. "다른 사람의 행실을 좀 너그럽게 봐주는 대신 그 필요를 살필 줄 알아야 해요. 이런저런 행동의 이면에는 십중팔구 숨은 필요들이 있게 마련이거든요. 이편의 잣대에 맞추라고 다그치면 안 돼요. 인간은 누구나 할 것 없이 다 연약한 존재이거든요. 저마다 갖가지 흠들을 지니고 있고. 인자는 그런 약점들을 용납하는 거예요."

인자는 약하고 부족한 점을 끌어안는다? 내가 그럴 수 있을지 확신이 서지 않았다.

"인자가 어떻게 드러나는지 하나 더 들려줄게요. 인자는 사람들에게 최선을 선사한답니다. 상대방에게 온 관심을 쏟고 스스로 중요한 존재라는 인식을 확실하게 심어주죠. 세상은 끊임없이 거절하고 밀어내지만, 인자는 한결같이 끌어안고 가치를 인정해준다는 얘기예요."

제이슨과 사귈 때도 나는 그를 긍정해주는 데 몹시 서투른 편이었다. 자책이 들었지만 이젠 너무 늦어버렸다.

"사람들한테 유익한 자질이 뭔지 생각해보고 그걸 추구

해야 해요. 누구나 냉기가 아니라 온기가 필요해요. 차가우면 관계를 만들어갈 도리가 없지 않겠어요? 다들 판단하거나, 비판하거나, 비난하지 않으면서 변화를 이끌어줄 누군가를 만나고 싶어 하죠. 하지만 웬만해선 그런 욕구에 적절히 반응할 줄 아는 사람을 만날 수가 없어요. 인자는 그런 변화가 일어날 수 있는 분위기를 만들어내죠. 인내도 마찬가지고 말이에요."

어느 정도 참을성이 있노라고 늘 자부해왔다. 최소한 툭 건드리기만 해도 불같이 성질을 내는 유형은 아니다. 물론, 아직 부족한 점들이 있다. 인내심을 길러야 할 분야를 헤아려보자면 '운전'이 가장 먼저 떠오른다. 댈러스에서 움직이다 보면 교통지옥이란 말을 뼛속 깊이 실감하게 된다.

"엠마, 난 주변 환경이 아니라 사람들을 참아주어야 한다는 얘길 하는 거예요." 속마음을 들여다보기라도 한 듯, 예수님이 말했다. "그건 조건을 견디는 것과는 또 다른 문제예요. 인간의 됨됨이와 행실을 참아주는 건 아주 길고도 고통스러운 일이죠. 인내는 곧 누군가를 위해 기꺼이 오랜 아픔을 감수한다는 뜻이에요. 끝없이 되풀이해가며 은혜를 베풀면서 변화되기를 기다리는 걸 뜻해요. 그게 바로 하나님이 하신 일이죠."

"상대방이 죽어라 변하지 않으면요?"

"그럴 수도 있죠. 하지만 엠마, 엠마는 달라질 거예요. 인내한다는 건 지배권을 포기한다는 뜻이에요. 남의 꼴을 못봐주는 건 상대를 지배하고 통제하고 싶어 하기 때문이죠. 상대방에게 내가 바라는 유형의 인간이 되기를 기대하고 내가 기대하는 대로 그 사람이 움직여주길 바라는 거예요. 상대방을 염두에 둔 전략이 있다고나 할까요? 그런데 정작 그 목표를 이루는 데 상대방이 고분고분 협조하려 들지 않으면 다들 안달복달 어쩔 줄 모르게 되죠. 아주 초조해 하게 돼요. 결국 인내는 항복이라고 볼 수 있어요."

"항복이요? 누구한테 항복하죠?"

"하나님께 항복하는 거죠. 전략과 시간표를 하나님의 손에 넘기고 그분을 신뢰하는 거예요. 누가 달라지는 걸 꼭 보고 싶은가요? 그럼, 상대가 마음대로 조작할 수 있는 내 소유물이 아니라는 걸 명심해야 해요. 그러니 하나님께 그 사람들을 맡기세요. 하나님이 그분의 뜻을, 친히 정하신 시간에 이루시도록 말이에요. 하나님은 상상할 수도 없을 만큼 놀라운 방법으로 사람들을 변화시키실 수 있거든요."

깊은 한숨이 나왔다. 하나님나라의 삶이 돌아가는 방식을 따르기란… 불가능해 보였다. 도대체 누가 그렇게 살 수 있단 말인가!

"엠마, 사랑엔 실패가 없어요. 당신에겐 선택권이 있어요. 성공하길 원해요, 아니면 실패하길 원해요? 하나님나라와 세상이 성공을 바라보는 시각은 전혀 다르거든요. 하나님나라 시민으로 살고 싶어요, 아니면 세상의 아무개로 살 건가요?"

"예수님 말씀에 따르자면, 하나님이 사랑을 가르치기 위해 제이슨을 제 삶에 보내셨다는 뜻인가요?"

"어디 제이슨뿐이겠어요? 엠마가 살면서 만나는 모든 이들이 다 그렇죠. 관계가 엉망진창일지 모르지만, 그 한 사람 한 사람이 다 당신에게 배우고 성장할 기회를 준다는 걸 잊지 말아야 해요." 예수님은 입을 다물고 호수로 눈길을 주었다. 잠시 무언가를 생각하는 눈치였다. 예수님이 다시 말했다. "몸과 마음이 편하면 사랑을 배우지 못하는 법이에요, 엠마. 언제나 만사형통이면 성장할 수가 없어요."

"그러니까 아픈 만큼 성장한다는 말씀인 거죠?"

"아니, 꼭 그렇진 않아요. 하지만 하나님이 종종 고통을 사용해 성숙해질 준비를 시키시는 건 사실이에요. 거기에 손발을 맞출지 여부는 당신의 결정에 달렸죠. 전혀 편치 않은 상황에 맞닥뜨리지 않고서는 사랑을 제대로 배우지 못해요. 견딜 수 없는 처지에 몰려보지 않고는 견디는 법을 익히지 못해요. 뼈아픈 상처를 받아보지 않는 한, 깊이 용서하는 법을 체득할 길이 없어요. 하나님께 맡기면, 그분은 당신의 삶 속에 스며든 고통을 씨줄과 날줄 삼아 아름다운 문양을 빚어낼 거예요."

"하나님께 맡긴다…." 나도 모르게 중얼거렸다.

퍼뜩 정신이 들었다. 그제야 다른 사람들, 숱하게 많은 사람들의 목소리가 들렸다. 그동안 외부로 이어지는 창을 모두 닫아걸고 오로지 예수님과의 대화에만 집중했던 모양이다. 배 앞쪽을 내다보았다. 반대쪽 기슭에 가까워지고 있었다. 많은 사람들이 나와서 배를 기다리고 있었다. 예수님이 이리로 오신다는 소문이 벌써 퍼진 게 틀림없었다. 아픈 데를 고쳐주시길 바라고 저리들 나와 있는 게 아닌가 싶었다. 또는 주린 배를 채우고 싶거나. 어쩌면 둘 다일 수도 있었다. 가는 데마다 저렇게 인파가 몰리면 예수님도 무척 피곤하지 않을까?

예수님의 기색을 살폈다. 예수님은 겉옷을 집어 들고 내릴 준비를 하고 있었다.

"이 시간에 뭘 하시려고요?" 목소리를 죽여 물었다.

예수님은 백성들 쪽을 바라보았다. 무리는 점점 더 불어나고 있었다. 사방에서 배가 닿는 쪽으로 달려오는 이들이 보였다.

"저 사람들의 필요를 채워주어야죠." 예수님이 말했다.

"만사를 접어두고 잠시 한적한 데로 물러나실 요량이신 줄 알았어요."

예수님은 고개를 끄덕이셨다.

"그러려고 했죠."

7
용서 수업

가장 먼저 달려든 건 지독한 냄새였다. 생선 썩은 냄새가 코를 찔렀다. 나는 다시 갈릴리 호숫가에 서 있었다. 건너편은 시야에 잡히지 않았다. 풀이 덮인 언덕이 물가를 향해 부드럽게 흘러내렸다. 스무 척 남짓 되는 고깃배들이 줄 지어 매여 있고 뱃사람들은 이리저리 오가며 배를 손보고 있었다. 오른편으로 조그만 흙집들이 옹기종기 들어선 고기잡이 마을이 눈에 들어왔다. 지붕들이 하나같이 편편했다. 낯익은 얼굴은 찾아볼 수 없었다.

마을로 들어갔다. 이번에도 주민들은 날 알아차리지 못

했다. 남의 눈에 띄지 않는다는 건 솔직히 말해서 신나는 일이었다. 하지만 예수님과 일대일로 대화할 수 있다는 사실에 대면, 그쯤은 아무것도 아니었다. 그리고 아무도 나를 알아보지 못한다 한들 1세기 어촌에서 딱히 무슨 영화를 보겠는가?

마을 한복판에 자리 잡은 너른 마당으로 갔다. 저만치 한 남자가 돌 턱에 걸터앉은 게 보였다. 그는 스무 명쯤 되는 남자들을 앞에 두고 열심히 무언가 설명하는 중이었다. 무리 뒤쪽으로는 열다섯 명 정도 되어 보이는 여자들이 몰려 서 있었다. 다들 머릿수건을 쓰고 있었다. 가까이 다가갔다. 누가 이야기를 하고 있는지 확인해볼 필요조차 없었다. 목소리만으로도 누군지 금방 알아챌 수 있었다.

"누군가 여러분에게 잘못을 저지르거든 가서 단둘이 만나 그대들이 어떻게 부당한 대접을 받았는지 차분히 이야기하십시오. 상대방이 여러분의 지적을 받아들이면 그 사람을 잃어버리지 않고 관계는 회복될 겁니다. 그러나 순순히 인정하지 않으면, 한두 사람을 더 데리고 가십시오. 그들이 지켜본 바를 덧붙이면 상대방에게 확실한 증거가 될 수 있을 겁니다."

예수님 바로 곁에 섰던 남자가 물었다. "주님, 형제가 저한테 잘못을 저지르면 몇 번이나 용서해주어야 합니까? 일곱 번이면 되겠습니까?"

'저 남자가 베드로군.' 나는 속으로 생각했다.

예수님의 얼굴에 웃음기가 번지더니 결국 함박웃음이 터져 나왔다. 얼떨떨했다. 예수님이 그렇게 웃으리라고는 정말 한 번도 생각해본 적이 없었다.

"베드로야, 분명히 말하지만, 일곱 번만 용서해선 안 된다. 일흔 번씩 일곱 번이라도 해야 한다."

베드로의 미간에 고랑이 졌다. 그는 나란히 서 있던 다른 제자 쪽으로 고개를 돌렸다. 그 역시 아연실색, 낙담한 표정이 역력했다. "일흔 번에 일곱 번… 그럼 490번이란 얘기잖아. 세상에 누가 그럴 수 있겠어?"

예수님은 그 제자의 어깨에 팔을 두르며 말했다. "아무도 그렇게 여러 차례 용서할 수는 없지. 그게 핵심이야." 그러곤 청중들을 한번 죽 둘러보았다. 그분의 눈길이 내게서 멈췄다.

"난 좀 걸어야겠다." 예수님은 주위에 늘어선 이들에게 말했다. "생선 몇 마리 요리해줄 수 있겠나?"

예수님은 곧장 내 쪽으로 걸어오더니 곁을 지나치며 턱짓으로 물가를 가리켰다. 얼른 뒤를 따랐다. 물가까지는 금방이었다. 곧 발치까지 잔물결들이 찰랑거렸다.

"다시 보니 반갑군요, 엠마."

"저도 참 좋습니다. 적어도 파도가 얼굴을 후려치는 상황은 아니니까요."

예수님은 다시 껄껄 웃었다. 웃음이 헤픈 분이 아닌가 싶을 지경이었다. 그런데도 활짝 웃는 예수님 그림을 본 적이 없는 게 도리어 이상했다.

"아까 마을 마당에서는 왜 그렇게 웃으셨어요?"

"베드로 때문에요."

"베드로가 왜요?"

예수님은 빙그레 웃으며 고개를 절레절레 흔드셨다. "그 친구는 다른 사람들 앞에서 칭찬받을 줄 알았을 거예요."

"무슨 칭찬이요?"

"너그럽다는 칭찬 말이에요. 사실, 베드로의 질문에 대해선 이미 랍비들이 답을 했어요. 그 친구도 잘 알고 있죠. 말하자면 삼세판인 셈이죠. 랍비들은 그렇게 가르치거든요. 세 차례까지는 용서해주어야 한다고."

"그러고 나서는요?"

예수님은 어깨를 들썩해 보이며 말했다. "그 뒤에는 적대감과 원한을 품어도 괜찮다는 뜻 아닐까요? 종교는 항상 모든 걸 수량화하려 애쓰기 일쑤지요. 세 번까지 용서해라, 그러고 나서는 영적인 의무 목록에 가위표로 완수했다는 표시를 해둬라, 하나님이 정해놓은 할당량을 다 채웠으니 이제 됐다, 뭐 그런 말들이요."

"하지만 베드로는 일곱 번이라고 했지요."

우리는 호수로 흘러들어가는 여울을 건넜다. "그래요. 랍비의 처방을 받아들인 거죠. 곱빼기도 모자라서 한 번을 더 추가해서. 그 친구의 입장에서 보자면 아주 너그러운 처사였죠."

"하지만 일곱 번으로는 모자랐던 거군요."

"횟수는 중요하지 않아요. 얼마나 자주가 아니라 얼마나 깊이가 문제니까요. 상대방을 얼마나 깊이 사랑하느냐가 핵심이란 뜻이에요. 사랑은 용서하는 거예요. 하나님은 사랑이시고, 그래서 용서하시기 때문이에요."

예수님은 물가에 뒹구는 돌멩이 하나를 집어 들더니 물수제비를 떴다. "예루살렘에서 거듭남에 대해 이야기했던 걸 되짚어봐요."

그럼 니고데모를 만났던 곳이 예루살렘이었던 걸까? 오랫동안 예루살렘에 가보고 싶었는데, 막상 거기에 가서는 예루살렘에 있는 줄도 모르고 있었구나 싶었다.

예수님은 말을 이었다. "그때 엠마에게 하나님나라에서는 삶이 어떻게 돌아가는지 배우는 게 좋겠다고 했던 말, 기억해요?"

"물론이죠."

"그 답이 바로 여기에 있어요. 하나님은 사랑이시죠. 그럼 그분의 나라가 어떻게 돌아갈 것 같은가요?"

"사랑으로요."

"그럼 사랑은 어떤 일을 하죠?"

"용서하죠." 나는 곧바로 대답했다.

제이슨과 내 문제를 다시 생각해보았다. 그가 그토록 쉽게 나를 떠났다는 사실을 나는 진심으로 용서하지 못하고 있었다. 하지만 그럴 수 있을까? 예수님이 내게 바라시는 게 정말 그걸까? 불가능한 일처럼 보였다.

예수님은 왼쪽을 돌아보더니 물가를 벗어나 물에 떠내려온 커다란 통나무 쪽으로 걸어갔다. 잠시나마 대화가 끊어진 게 반가웠다. 용서에 관해 무얼 더 물어야 할지도 아직 판단이 서지 않았다. 예수님은 통나무에 걸터앉았다. 나는 그 옆에 나란히 자리를 잡았다.

"마음이 몹시 아픈 모양이군요." 예수님이 말했다.

눈물이 주체할 수 없이 흘러내렸다. 고통은 너무도 생생했다. 상처는 전혀 아물지 않았다. "이젠 누구한테 상처를 입었는지, 이런 아픔을 떠안긴 게 제이슨인지 스스로인지조차 모르겠어요." 한참이나 말이 끊어졌다. "늘 제이슨을 생각해요. 그때마다 새록새록 상처를 받고요. 1년 365일, 쉬지 않고 가슴을 두들겨 맞는 기분이에요." 눈물이 뺨 위로 주르륵 흘러내렸다. 부옇게 흐려진 눈으로 하염없이 땅바닥만 내려다보았다.

"상처에서 벗어나 온전해지고 싶은가요, 엠마?"

나는 고개를 끄덕였다. 예수님은 그러곤 아무 말도 하지 않고 가만히 있었다. 나는 참지 못하고 물었다. "어떻게 하면 좋을까요?"

"여기서 시작해보면 어떨까요?" 예수님은 작대기 하나를 집어 들고 몸을 숙이더니 모래 위에 무언가를 끼적였다.

사랑은 용서하는 것이다.

그리고 몸을 일으켜 날 바라보았다. "사랑은 남의 잘못을 마음에 담아두지 않아요. 사랑은 용서하는 것이거든요. 엠마는 선택할 수 있어요. 제이슨이 엠마에게 한 행동에 대해 어떻게 반응할 생각이죠?"

"하지만 제이슨을 용서하려면 무얼 어떻게 해야 할지 모르겠어요. 그가 내게 한 짓을 잊을 수가 없어요."

"아무도 잊으라고 하지 않아요. 용서는 잘못에 대해 책임을 물을 권리를 포기하는 걸 가리킬 따름이에요. 빚을 탕감해주고 미워하거나 헐뜯지 않는다는 뜻이죠."

"그러니까 어떻게 그럴 수가 있겠느냐고요! 이렇게 마음이 아픈데요!" 나는 눈물을 훔치며 울먹였다.

예수님은 고개를 끄덕였다. "아니면, 지금까지 해오던 대로 상처를 덧내 옹이가 박히게 만들 수도 있어요. 제이슨의 잘못을 샅샅이 기록해서 틈날 때마다 재생해보면서 자기연민에 빠져 사는 거죠. 원한을 깊이 간직한 채 말이에요. 차츰 냉소적이게 되고 결국은 증오에 사로잡히겠죠. 그렇게 하면 마음이 좀 편해지긴 할 거예요. 적어도 잠시 동안은. 고통을 되갚아준 것 같은 느낌도 들 테죠."

"그 뒤에는요?"

"그 열매를 거둬들이겠죠."

"그게 뭔데요?" 정말로 답이 듣고 싶어 묻는 건지 스스로도 알 수 없었다.

"죽음이죠. 그렇게 자기중심적으로 사노라면 무언가가 죽어가게 되어 있거든요. 내면의 평안, 기쁨, 남들을 향한 연민, 현실을 보는 올바른 시각 따위가 죽어가는 법이죠. 밖으로도 마찬가지예요. 엠마의 경우에는 진실로 사랑하는 관계를 맺을 능력을 잃어버리게 되는 거죠."

도리질을 치며 따졌다. "하지만 용서는 너무 힘들어요."

"그렇게 생각해요? 정말 힘든 게 뭔지 알아요? 바로 용서하지 않는 거예요. 그건 엠마의 마음을 굳게 만들어요. 딱딱한 마음을 갖게 하는 거죠. 자신과 주위의 모든 것들을 집어삼키고 말아요. 별의별 짓을 다 해봐도 평안을 누릴 수 없을 거예요."

물꼬가 터진 듯, 수많은 질문들이 속에서 봇물처럼 쏟아져 나왔다. "하지만 제이슨한테 뉘우치는 기색이 조금도 엿보이지 않으면 어떡하죠?"

"사랑은 용서하는 거예요."

"계속해서 상처를 주면요?"

"사랑은 용서하는 거예요."

"용서받고 싶어 하는 마음조차 없다면요?"

"사랑은 용서하는 거예요."

결국 마음 깊은 곳에 꼭꼭 감춰두었던 더없이 큰 질문까지 불쑥 뱉어놓고 말았다. "저한테 용서할 마음이 눈곱만큼도 없다면요?"

예수님은 나무 등걸에서 벌떡 일어섰다. 그러곤 다시 작대기를 집어 모래밭에 적었다. "사랑은 용서하는 것이다." 그리고 말로 쐐기를 박았다. "음, 그게 핵심이에요. 그렇잖아요?"

정신을 차려보니 산자락에 앉아서 지중해로 보이는 바다를 굽어보고 있었다. 근사했다. 눈부시게 푸르른 물이 서쪽으로 끝없이 펼쳐져 있었다. 북쪽으로 눈을 돌리자, 멀지 않은 곳에 도시가 보였다. 커다란 원형극장이 있는 걸로 보아 로마제국에 속한 성읍인 것 같았다. 남쪽으로는 백사장이 길게 이어졌다.

휴가를 보내기에 안성맞춤이었다. 하지만 1세기 사람들은 바캉스 따위엔 관심이 없는 게 아닌가 싶었다. 아무튼 난생처음 와보는 곳이었다.

곁에는 성경과 일기장, 펜 그리고 손글씨가 적힌 쪽지 한 장이 놓여 있었다.

우리가 나눴던 이야기를 잠시 곱씹어봐요.

어쩌다 여기서 이러고 있게 된 걸까? 하긴, 그게 중요한 건 아니지. 생각을 정리하기 시작하는 데 필요한 건 다 갖춰져 있었다. 빠진 게 있다면 구체적인 방법뿐이었다.

성경을 펼치고 아무 데나 확 열어젖혔다. '용서하는 방법에 대한 이야기가 여기 있기는 할 텐데….' 하지만 정확히 어딘지는 알 길이 없었다. 남을 용서하는 법에 대한 구절을 구약에서 얼마나 많이 찾아낼 수 있을지 미지수였다. 시편에는 있을까? 아닐 거야. 있다 해도 다윗이 하나님께 용서를 구하는 내용이기 십상이다. 복음서는 어떨까? 방금 예수님이 직접 가르쳐주시는 이야기를 들었는데 굳이…. 하지만 예수님은 구체적인 방법에 대해서는 별말씀이 없었다. 바울의 편지들에는 뭐가 좀 있을까? 결혼식에 단골 메뉴로 등장하는 이른바 '사랑 장'도 거기 있지 않은가? 고린도전서 13장이라면 어떻게 용서할 것인가에 관해 무언가 이야기해주지 않을까? 당장 그 부분을 펴서 읽기 시작했다.

사랑은 오래 참고, 친절합니다. 사랑은 시기하지 않으며, 뽐내지 않으며, 교만하지 않습니다. 사랑은 무례하지 않으며, 자기의 이익을 구하지 않으며, 성을 내지 않으며, 원한을 품지 않습니다. 사랑은 불의를 기뻐하지 않으며, 진리와 함께 기뻐합니다. 사랑은 모든 것을 덮어주며, 모든 것을 믿으며, 모든 것을 바라며, 모든 것을 견딥니다. 사랑은 없어지지 않습니다.

-고린도전서 13:4-8(새번역)

사랑이 하나님나라를 움직이는 작동 원리인 줄은 알겠는데, 과연 누가 그 어려운 사랑을 해낼 수 있단 말인가? 나로 말하자면, 인내심이 아주 없는 편은 아니며 제법 친절한 사람 축에 속한다. 제 자랑이 심하지도 않고 됨됨이가 오만하다고 생각하지도 않는다. 마지막으로 온당치 못한 행동을 한 게 언제인지 기억조차 나지 않는다. 제이슨과 깨질 때가 처음이자 마지막이지 않나 싶다. 하지만 자기의 이익을 구하지 않는다는 대목에 이르면 얘기가 달라진다. 도대체 누가 여기서 자유로울 수 있다는 말인가? 너나없이 자기 유익을 추구하는 법이 아니던가?

어쩌면 제이슨한테는 성을 냈었는지도 모른다. 함께 지냈던 몇 주간을 돌이켜보면 썩 너그러웠던 것 같진 않다. 원한을 품지 않는 문제는… 음, 그래서 내가 이 산모퉁이에 앉아 있는 건 아닐까?

용서는 빚을 탕감해주는 것이라고 예수님은 말했다. 상대방에게 그걸 되갚을 책임을 묻지 않는 것이라고도 했다.

일기장을 집어 들었다. 지난 몇 주간 적은 글들을 하나하나 읽어보았다. 온통 괴로움과 눈물뿐이지만 결국 해결된 건 전혀 없어 보였다. 빈 쪽을 찾아서 제이슨이 했던 못된 짓들을 적어 내려가기 시작했다. 용서를 하려면 무얼 용서할지 자세히 알아봐야 한다. 그렇지 않은가? 쓰고, 쓰고, 또 썼다. 세 쪽을 가득 채웠다. 그리고 끄트머리에다 제이슨이 저지른 마지막 잘못이자 가장 큰 죄를 큼지막하게 적었다.

2년이 넘도록 내 사랑을 독점했고 또 나만을 사랑하겠노라고 맹세했음에도, 나를 떠나고 다시 돌아오지 않았을 뿐만 아니라, 곧바로 다른 상대를 찾아 나선 점.

펜을 내려놓았다. 눈물이 뺨 위로 주르륵 흘러내렸다. 세 쪽에 걸친 준비를 마치고 나니 도리어 분통이 터지고 제이슨을 용서할 마음이 전보다 더 줄어드는 것 같았다. 그는 나한테서 달아나버렸다. 게다가 새로 만난 여자에게 신경 쓰느라 두 주 동안이나 나를 새카맣게 잊어버렸다. 그사이에 나는 온갖 마음고생을 다 했는데도 말이다. 배신감이 하늘을 찔렀다. 지난 두 해 동안 소망했던 모든 것들, 꿈꿨던 모든 일들이 한꺼번에 물거품처럼 사라져버렸다. 그는 삶의 뿌리를 애틀랜타로 옮기고 거기서 행복하게 잘 살고 있는 반면, 천 킬로미터 이상 떨어진 데 버려진 나는 마음을 추스르느라 안간힘을 쓰는 신세였다. 그것도 혼자서 말이다. 당하고도 그가 내게 한 짓을 믿을 수가 없었다.

일기장을 덮고 멍하니 바다를 바라보았다. 처음 도착했을 때 정수리 위에 빛나던 태양이 어느덧 저물어, 거의 수평선에 이울고 있었다. 제이슨을 용서하는 작업은 도착했을 당시의 상태에서 단 한걸음도 전진하지 못했다. 도리어 더 멀어진 것만 같았다. 드디어 결심이 섰다. '그래, 거기 말고 또 어디서 도움의 손길을 구하겠어?'

나는 큰 소리로 기도하기 시작했다. "하나님, 어떻게 해야 제이슨을 용서할 수 있을지 모르겠습니다. 그 사람을 용서하고 싶지만 지난날의 상처를 어떻게 떨쳐버릴 수 있을지 방법을 찾지 못하겠습니다. 도무지 모르겠습니다…"

다시 울음이 터져 나왔다. 어쩌면 하나님이 그 눈물을 보고 마음이 움직여 지난 고통을 잊고 그를 용서할 수 있도록 도우실지도 모를 일이었다.

조금 더 기도했다. 일기도 얼마쯤 더 썼다. 그를 용서하기로 굳게 결심했다. 마음을 정한 뒤에 다시 기도했다. 해가 바닷속으로 완전히 잠기려는 참이었다. 그러다 포기했다. 아무리 애를 써도 진심으로 용서할 수가 없었다.

그렇다고 산속에 처박혀 혼자 밤을 지새우고 싶지는 않았다. 아래에 있는 마을을 향해 서둘러 산을 내려왔다. 사방이 캄캄해진 뒤에야 동네에 발을 들여놓을 수 있었다. 아무리 1세기라지만 온 세상이 어쩌면 이렇게 어두운지 그리고 다른 한편으로는 별이 어떻게 그토록 영롱한지 믿기 어려울 정도였다. 옛사람들이 이런 별천지 아래서 밤을 보냈으리라고는 단 한 번도 생각해본 적이 없었다.

마지막 몇 분간은 구르다시피 달린 끝에 마을에 들어섰다. '동네가 이 지경이면 앞으로 열두 시간 동안은 달리 할 일이 아무것도 없겠어. 24시간 커피숍이라도 있으면 정말 좋을 텐데.'

바로 그 순간, 여관처럼 보이는 건물이 눈에 들어왔다. 거기라면 냉기를 피해 하룻밤을 보낼 수 있을 것 같았다. 아무 생각 없이 활짝 열린 대문 안으로 쑥 들어섰다. 그리고 모든 게 달라졌다. 어느새 햇볕이 작열하는 대낮, 갈릴리 바닷가에 와 있었다. 예수님은 아까 이야기를 나누던 아름드리 통나무 위에 그대로 앉아 있었다.

"제가 얼마나 오래… 나가 있었던 거죠?"

"한 1분쯤?" 예수님이 대답했다. "어땠어요?"

차마 예수님을 마주 볼 수 없었다. 고개를 숙이고 머리를 흔들었다. "별로였어요. 안 되더라고요. 제이슨을 용서할 수가 없어요. 전 그냥… 어떻게 해야 할지 모르겠어요. 사랑이 하나님나라를 움직인다는 건 알겠어요. 전 아주….” 나는 고개를 들어 예수님을 바라보았다. “가망이 전혀 없나봐요.”

“맞아요, 그게 바로 엠마의 상태예요.” 예수님은 자리에서 벌떡 일어섰다. “이제야 준비가 된 것 같군요.”

“무슨 준비요?”

“덧입을 준비.”

“뭘 입는다는 거죠?”

“하나님의 생명이요!”

8
영적 성장을 위한 목록

열린 창문 네 쪽을 통해 빛기둥이 방 안으로 밀려들었다. 커다란 방 안이었다. 얼마나 넓은지 열네 명 정도는 너끈히 앉을 만한 직사각형 모양의 식탁이 한복판을 차지하고 있었다. '이런 식탁에는 앉는 게 아니라 거의 기대 있어야겠군.' 벽에는 오랜 세월의 흔적이 역력했다. 여기저기 실금까지 가 있었다. 소쿠리 하나 걸리지 않은 맨 벽이었다. 중앙의 식탁을 빼고 나면 방 안엔 세간이 전혀 없었다. 반대편 구석에 놓인 조그만 탁자가 전부였다. 문은 닫혀 있었다. 실내엔 나 혼자뿐이었다.

방 한가운데 서자 길 건너편 건물 몇 채의 지붕들이 내려 다보였다. 시내 한복판에 있는 어느 집 2층이란 생각이 들었다. 밖에서 여러 사람들이 떠드는 소리가 들렸다. 창가로 가서 몸을 기댄 채 밖을 내다보았다. 창 아래가 바로 저잣 거리였다. 길가 좌판에 그대로 꺼내놓고 파는 날고기 냄새 와 오가는 이들이 풍기는, 적어도 한 달은 씻지 않았을 성 싶은 몸 냄새가 공기에 섞여 코를 찔렀다. 어떻게 그러고들 살 수 있는지….

고개를 돌려 방 안을 훑어보았다. 예수님은 여기서 날 만 날 계획이신가? 방 모서리의 탁자에 놓여 있는 낯선 물건 두 개가 흘낏 눈에 들어왔다. 얼른 다가가 살펴보았다. 하 나는 잉크통이었다. 갈대로 만든 원시적인 펜이 꽂혀 있었 다. 나머지 하나는 맨 위쪽에 글자가 적힌 양피지 조각이었 다. 예수님이 손수 메시지를 남긴 모양이었다.

엠마,

집으로 돌아간 뒤 영적으로 성장하기 위해서 반드시 수반되

어야 할 일들이 무엇인지 잠시 혼자 시간을 가지면서 기록해

서명은 없었다. 하지만 어느 모로 보나 예수님이 쓴 글이었다. 내가 여기 있는 걸 그분 말고 누가 안단 말인가?

그러고 보니 집으로 돌아가야 한다는 사실을 새카맣게 잊고 있었다. 두말하면 잔소리겠지만, 1세기 세계를 무한정 이리저리 누비고 다닐 수는 없는 일이었다. 쪽지는 언젠가 돌아가야 한다는 사실을 일깨우고 있었다. 어쩌면 예상보다 훨씬 빨리 그 순간이 닥칠지 모른다. 영적으로 성장할 계획을 잡아보라고 시키신 이유가 거기에 있는 게 아닌가 싶었다.

메시지를 다시 한 번 읽어보았다. 그리고 펜과 잉크병, 양피지를 들어서 커다란 식탁으로 옮겼다. 하마터면 잉크를 다 쏟을 뻔했다. 식탁은 야트막해서 높이가 60센티미터 남짓에 불과했다. 몸을 굽힐 수밖에 없었다. 어떻게 이 사람들은 날마다 이러고들 지내는지…. 몹시 불편했다. 글을 쓰기에는 더더욱 불편했다. 책상다리를 하고 똑바로 앉아서 펜을 잉크에 담갔다.

자, 집으로 돌아가면 무얼 해야 할까?

머릿속에 그동안 주워들었던 온갖 항목들이 줄줄이 떠올랐다. 개중에 몇몇은 제법 잘 해내고 있는 편이었다. 몇 년 동안 꾸준히 이어오고 있는 노력들도 있었다. 제이슨과 함께 지내면서 다소 풀어지기도 했지만 워낙 몸에 밴 일들이라 금방 회복할 수 있었다. 펜을 들어 생각나는 대로 적어가기 시작했다.

개인 성경 연구에 더 큰 공을 들이기
기도 시간을 늘리기
경건의 시간을 꼬박꼬박 갖기

물론 성경 공부와 기도에 더욱 힘을 쏟는다는 소리나 경건의 시간을 꾸준히 갖는다는 얘기나, 결국 같은 뜻일 수도 있다. 하지만 얼마쯤 내용이 겹치기로서니 그게 무슨 대수겠는가? 내버려두고 다시 목록으로 돌아갔다.

다시 성경 암송을 시작하기

꼭 넣고 싶었던 항목은 아니지만 '바라는 바를 적는 목록'임을 감안해 일단 포함시키기로 했다.

성경 낭독 듣기

신약성경 낭독 CD를 카오디오에 넣어뒀다가 운전하면서 들으면 될 것이다.

크리스천의 삶을 다룬 책들을 더 많이 읽기

지난 두 해 동안은 경건 서적을 많이 읽지 못했다. 솔직히 말하자면, 단 한 권도 읽지 않았다.

그동안 적은 목록을 훑어보았다. 전부 다 개인적인 활동뿐이었다. '다른 크리스천들도 염두에 두어야 하지 않을까? 그 사람들과 함께할 수 있는 일들도 있을지 모른다. 그렇지 않은가?' 가장 먼저 마음에 떠오르는 아이디어들을 양피지에 적었다.

성경 공부 모임에 나가기

구역 예배에 참석하기

주일 예배에 빠지지 않기

영적인 멘토나 서로 지지해주는 파트너를 찾아보기

펜을 내려놓고 생각을 더 가다듬었다. 지금까지는 개인 성장과 관련된 항목들이 전부였다. 그럼 이웃들도 고려해야 하지 않을까? 크리스천으로서 세상을 섬기는 일들도 빼놓을 수 없었다.

남들을 섬길 수 있는 길을 찾아보기

단기 선교에 참여하기

믿음을 나누기

적기를 멈추고 다시 목록을 살폈다. 13개 항목이었다. 이만하면 시작으로서는 더할 나위가 없었다. 하나하나를 어떻게 실천할지 구체적인 계획까지는 아직 세우지 못했다. 하지만 그건 차츰 해나가면 된다. 금식을 비롯해 몇 가지 아이디어는 뒤로 미뤄두었다. 속으로 낄낄거렸다. '내 왕성한 식욕을 생각하면, 놀랄 일도 아니지.'

방 건너편에서 부스럭거리는 소리가 났다. 누군가 문틈으로 무언가를 밀어 넣고 있었다. 양피지였다.

"누구세요?" 숨 죽여 물었다.

튀어나오듯이 일어나 방을 가로질렀다. 문을 열어보았지만 아무도 없었다. 문을 닫고 양피지를 집어 들었다. 또 다른 '지령'이었다.

성장에 가장 도움이 될 법한 항목에 동그라미를 쳐봐요.

영적으로 성장하는 데 뭐가 가장 도움이 될까? 의자에 등을 기대고 목록을 더듬었다. 하나같이 바람직한 훈련들이었지만 그 가운데 하나가 유독 눈에 들어왔다. '경건의 시간을 꼬박꼬박 갖기'에 동그라미를 쳤다.

"똑똑!" 다시 노크 소리가 났다. 화들짝 놀라 문으로 다가갔다. 손잡이를 잡고 잠시 숨을 멈췄다. 이제 어떻게 해야지? 예수님 말고는 아무도 날 보지 못한다. 그런데 밖에 선 사람이 예수님이 아니라면… 저절로 열리는 문을 어떻게 받아들일까? 하지만 그건 그 사람이 감당해야 할 몫이었다. 나는 자신 있게 문을 열었다.

"엠마!" 예수님이었다. 예수님은 방 안으로 쑥 들어오더니 문을 닫았다. "테스트는 마쳤습니까?"

"테스트였다고요? 몰랐어요!"

"뭐, 비슷한 거였죠."

예수님은 성큼성큼 식탁에 다가가 비스듬히 기대 앉았다. 나도 반대편에 자리를 잡았다.

"음, 어디 보자…." 예수님은 목록을 읽었다. 알 듯 모를 듯 고개를 끄덕이기도 했다. "음… 그렇군요…." 다 읽었는지 날 돌아보며 말했다. "펜하고 잉크 좀 넘겨주겠어요?"

나는 식탁 건너편으로 필기도구를 밀어 보냈다.

"고마워요. 자, 영적으로 성숙해지는 데 실제로 큰 도움이 되지 않는 항목들에 가위표를 해보죠. 어때요?"

"좋아요." 나는 얼른 대답했다.

예수님은 펜을 들어 잉크에 담갔다. 그리고 제일 밑줄에 적힌 '믿음을 나누기'에 가위표를 했다. 속내를 알 수 있을 것 같았다. 믿음을 나누는 것도 중요한 일이지만 영적인 성장을 위해 가장 필요한 일은 아닌지도 모른다. '단기 선교에 참여하기'도 탈락했다. 단기 선교에 참여하는 걸 늘 성장의 기폭제로 여겨왔지만 예수님은 의견이 다른 모양이었다.

'남들을 섬길 수 있는 길을 찾아보기'에도 가위표가 붙었다.

"남을 섬기는 건 아주 중요한 일 아닌가요?" 나는 퉁명스럽게 캐물었다.

"군말이 필요 없는 일이죠. 하지만 영적으로 성숙해지게 만들어주진 않아요."

예수님은 한 번 더 펜을 잉크병에 담갔다 빼더니 '영적인 멘토나 서로 지지해주는 파트너를 찾아보기', '주일 예배에 빠지지 않기', '구역 예배에 참석하기'는 물론 '성경 공부 모임에 나가기'에까지 거침없이 가위표를 그렸다.

"잠깐, 잠깐만요!" 다급하게 막으셨다. "이런 일들을 할 필요가 없다는 뜻인가요?"

"물론, 다 좋은 일들이죠." 주님이 대답했다. "하지만 이런 활동들이 영적으로 성장하게 만들어주진 않아요."

예수님은 또 펜을 잉크에 적신 후 목록을 유심히 들여다보았다. 그러고서 '크리스천의 삶을 다룬 책들을 더 많이 읽기'와 '성경 낭독 듣기', '다시 성경 암송을 시작하기'를 지워버렸다. 나는 처음 두 항목을 뭉개고 지나간 가위표를 물끄러미 쳐다보았다. 오랜 세월에 걸쳐 수없이 많은 크리스천들은 성경 낭독 CD는 고사하고 경건 서적도 없이 신앙을 지켜왔으니 이해하지 못할 일도 아니다. 하지만 성경 암송은 대체 어떻게 된 일이지? 성경에 엄연히 "하나님의 말씀을 마음속에 깊이 간직하라"고 되어 있지 않은가!

예수님은 펜을 한 번 더 잉크통에 담갔다. 그러곤 '개인 성경 연구에 더 큰 공을 들이기'에 가위표를 했다. 그런 후 내처 '기도 시간을 늘리기'에, 심지어 '경건의 시간을 꼬박꼬박 갖기'에까지 단숨에 가위표를 해버렸다. 그러고 나서 내게 목록을 넘겨주었다.

"이제 됐군요."

나는 넋 나간 표정으로 종이를 쳐다보았다. 유구무언. 할 말이 없었다.

"엠마, 이 가운데 당신을 영적으로 성장시키는 건 하나도 없어요."

"그럼 도대체 뭐가 제 영혼을 자라게 해준단 말씀이죠?"

9
다시 호수에서

차가운 밤공기가 온몸을 감쌌다. 매서운 바람을 피하기
위해 두 팔로 몸을 감싸 안은 채 주변 상황을 파악하느라
안간힘을 썼다. 정신을 차리고 보니 비탈길에 앉아 있었다.
서너 걸음 너머는 잘 분간이 되지 않았다. 발바닥에 흙이
밟히고 여기저기 돌맹이들이 나뒹구는 게 보였다. 어둠에
눈이 서서히 적응했다. "아!" 고개를 드는 순간 숨이 멎을
것만 같았다. 달과 별들의 잔치가 벌어지고 있었다. 반달이
환하게 하늘을 밝혔다. 지금까지 본 적이 없을 만큼 밝았
다. 무수한 별들이 하늘을 가득 채우고 있었다. 거대한 캔

버스에 빛점들이 촘촘히 들어박힌 듯했다. 밤하늘을 올려다볼 때마다 마음을 빼앗기고 머리를 조아렸던 옛사람들의 심정을 이해할 수 있을 것 같았다. 지금 어디에 있으며 무슨 위험이 어둠 속에 도사리고 있을지 전혀 가늠하지 못하는 형편이었지만 하늘에 펼쳐진 장관에서 눈을 뗄 수가 없었다.

"숨이 막히네!" 나도 모르게 중얼거렸다.

"고맙군요."

난데없는 소리에 하마터면 비명을 지를 뻔했다. 화들짝 놀라 주위를 둘러보았다. 그제야 저만치 떨어져 앉은 남자의 모습이 어렴풋이 보였다.

"예수님?"

"그래요."

깊은 숨을 몰아쉬었다. 상대가 예수님이란 걸 알고 나니 안심이 되었다.

"왜 이렇게 겁을 주세요? 깜짝 놀랐잖아요!"

"아무 데나 불쑥 나타난 건 내가 아니라 엠마 당신이잖아요?"

사방을 두리번거렸다. 아직 사위를 명확하게 분별할 수

있을 정도는 아니었다. "여기가 어디예요?"

"맞혀봐요."

아래를 굽어보았다. 눈이 점점 더 어둠에 적응하면서 까마득한 아래쪽에 출렁이는 큰물이 보였다. 달빛을 받은 수면이 반짝거렸다.

"갈릴리 바다인가요?"

"정답!"

호수에서 불어온 바람이 얼굴을 후려치고 지나갔다.

"여기서 뭘 하고 계세요?"

"아버지와 시간을 보내고 있어요."

"이 산꼭대기에서, 그것도 이렇게 야심한 시간에요?"

나는 물 쪽을 돌아보았다.

"제자들은 어디에 있어요?"

"산 아래에 있어요. 지금 노를 저어 호수를 건너려 애를 쓰는 중이죠. 어려울 거예요. 맞바람이 치고 있거든요."

절제된 표현이었다.

"세상의 바람은 늘 하나님의 자녀들을 거스르죠." 예수님이 덧붙였다. "타락한 세상의 삶이란 게 참…."

"그러니까 예수님은 제자들이 이 바람을 뚫고 배를 몰도록 보내신 거예요?"

예수님을 바라보며 내가 물었다. 달빛에 가지런한 하얀 치아가 드러났다. 예수님은 웃고 있었다.

"예수님이 제자들을 계속해서 폭풍 속에 몰아넣으신 거죠, 맞아요?"

"엠마한테 그랬던 것처럼 말이에요?"

막 대꾸를 하려는데 번뜩 무언가 머릿속에 떠올랐다. "아, 제가 여기 처음 오던 날 호수에서 맞닥뜨렸던 것과 같은 풍랑 이야기를 하시는 건 아니죠. 맞아요?"

"정확히 그 이야기는 아니죠."

"지금 제이슨과 헤어진 일을 말씀하시는 거잖아요, 그렇죠?"

예수님은 대답하지 않았다.

"그러니까 예수님이 제이슨을 움직여서 저랑 헤어지게 하셨다는 뜻인가요?"

"전혀 아니에요! 그건 그 친구가 내린 결정이었죠."

"먼저 저를 흔들어서 그 사람과 헤어지게 하셨다는 말씀도 아니고요?"

"아니고말고요. 그건 엠마 당신의 선택이었잖아요."

헷갈렸다. "그럼 도대체 무슨 말씀이세요?"

주님이 땅에서 돌멩이 하나를 집어서 아래로 툭 던져버리는 모습을 물끄러미 지켜보았다. 예수님이 입을 열었다.

"엠마, 당신은 하나님이 얼마나 큰 분인지 정확한 판단을 내려야 해요. 엠마의 하나님은 당신이 자유의지로 내린 결정과 제이슨이 또한 자유의지로 내린 결정을 빚어서 당신의 삶에 폭풍을 일으키시고 결국 거룩한 뜻을 이루게 하실 만큼 크신 분인가요? 과연 하나님은 세상을 살아가는 동안 당신이 마주하는 온갖 적대적인 환경들 속에서도 충분히 신뢰할 만한 분인지 결정해야 한다는 뜻이에요."

교회 직장인 모임에 갈 때마다 남자들 몇이서 자유의지와 하나님의 주권을 두고 침을 튀겨가며 토론하던 모습이 떠올랐다. 개인적으로는 그런 말씨름이라면 피하는 게 상책이라고 생각해온 터였다. 게다가 예수님은 그런 식의 토론을 즐기지 않는다는 얘기도 어디선가 주워들은 적이 있었다. 방금 예수님이 들려주신 이야기의 속뜻을 곰곰이 헤아려보았다.

"그럼, 뭐예요…. 지금 제 형편도 '하나님이 정하신 일'이란 말씀인가요?"

"맞아요, 바로 그거예요! 지금 저 호수 위에 떠 있는 제자들과 마찬가지란 말이죠. 그들이 배를 타고 바다로 가야 한다고 주장한 건 바로 나예요. 저 친구들은 내 말에 백 퍼센트 순종했고. 그런데 지금 아주 고단한 상황을 눈앞에 두고 있죠. 이게 바로 엠마가 온전히 받아들여야 할 사실이에요. 하나님은 거룩한 뜻을 가지고 엠마에게 이런 상황을 주셨어요. 하지만 그게 끝은 아니라는 거예요. 하나님은 은혜를 베푸셔서 엠마가 그 상황을 넉넉히 견디게 하시죠. 엠마가 꼭 배웠으면 하시는 그런 방식으로 그걸 가르치시는 거예요. 그리고 이번에도 그 거룩한 뜻에 따라 어려운 환경에서 빠져나오게 하시죠. 그러므로 하늘 아버지의 주권, 다시 말해 사랑이 넘치는 하나님의 손안에 붙들려 있다는 사실을 기억해야 해요. 바로 그 하나님이 더할 나위 없이 따듯한 마음으로 엠마의 삶 속에서 영원토록 선한 뜻을 이루실 거예요."

"따듯한 마음이라고요?" 나도 모르게 코웃음을 쳤다. "두 번만 따듯했다가는…."

"물론 체감하기는 어려웠을 거예요. 고난이 따듯하게 느껴질 리는 없으니까. 하지만 오직 그 길뿐, 달리 방도가 없어요."

"뭘 하는 방도를 말씀하시는 거죠?"

"하나님 안에서 온전한 생명을 찾아내는 법을 가르칠 방도. 그럴 능력이 없는 대상에게서 참다운 생명을 구하는 어리석은 짓을 멈출 방도. 하나님이 준비하신 최고의 선물을 엠마에게 선사할 방도."

"그게 뭔데요?"

"바로 하나님 자신이에요." 예수님이 대답했다. "하나님을 온전히 마음에 모시려면, 삶에 폭풍우가 몰아닥칠 때마다 결단을 내려야 하죠. 위안을 추구할지, 아니면 하늘 아버지를 더 아는 쪽을 택할지 결정을 해야 한다는 말이죠. 세상은 손쉬운 위안으로 마음을 빼앗는 짓을 결코 멈추지 않거든요."

시련(특히 지금 겪고 있는 어려움)을 그런 식으로 생각해본 적은 단 한 번도 없었다. "위안을 택하면 어떻게 되죠?"

"하나님은 오래 참으세요. 정말 오래 참으시죠. 그리고…." 예수님은 잠깐 뜸을 들였다. "실제로 위안을 추구하다 보면 정말 훌륭한 스승을 만나게 될 거예요. 정말 뛰어난 선생님 말이에요."

'하지만 내가 원하는 스승은 아닐 거야.' 이런 속내를 감추고 다시 물었다. "과정을 믿고 맡기라는 말씀인가요?"

"아니, 하나님 자신을 신뢰하라는 거예요. 고통의 한복판에서도 그분을 믿고 의지할 마음이 있는지 생각해봐요." 예수님은 자리를 털고 일어났다. "엠마, 답은 언제나 존재 그 자체에 있는 법이에요. 백이면 백, 늘 그렇죠."

예수님은 산을 내려가기 시작했다. 나도 얼른 일어나 허둥지둥 뒤를 따랐다.

"어디로 가시려고요?"

"호수 반대편으로."

"거긴 왜요?"

"어떻게 해야 영적으로 성장할 수 있는지 알려주려고요."

달빛을 받아 호수의 윤곽이 어슴푸레 드러났다. 거기까지 가려면 기슭을 따라 한참을 돌아가야 할 것 같았다. "얼마나 걸릴까요?"

"지름길로 갈 테니 걱정 마요."

예수님을 따라 비탈을 내려갔다. 캄캄한 밤중이라 반쯤은 구르다시피 산을 탔다. 예수님은 이렇게 어두운 밤에 산길을 다녀본 경험이 확실히 많아 보였다. 그렇게 해서 마침내 호숫가에 이르렀다.

"지름길은 어디 있어요?"

"그냥 똑바로 걸어가면 될 것 같군요."

예수님은 벌써 물 위로 몇 걸음 앞서가고 있었다.

"어떻게 물에 빠지지도 않고 그렇게…."

"나도 몰라요. 아버지께서 물 위로 걸어가라고 하시니 걸을밖에. 자, 엠마도 어서 와요."

숨을 잔뜩 들이마셨다가 깊이 내쉬었다. 그렇게 마음 졸일 이유가 없다는 생각이 들었다. 아직 물가에 서 있었다. 시도했다가 실패한다 하더라도 기껏해야 발이나 적시고 말 것이다.

물 위로 첫발을 내딛었다. 아니나 다를까, 수면에 우뚝 설 수 있었다. 키득키득 웃음이 나왔다. 예수님을 바라보며 말했다. "와, 믿을 수가 없어요!"

예수님은 껄껄 웃으며 돌아서서 성큼성큼 호수를 가로질러 걸어가기 시작했다. 나는 수면을 밟고 그 뒤를 따랐다. 밤은 더 깊어가고 있었다. 구름이 흘러가며 달을 가렸다. 바람은 아까보다 훨씬 강해졌다. 물 위를 걷고 있는데도 바람에 흩날리는 물방울에 온몸이 흠뻑 젖었다. 시간이 약간 걸리기는 했지만, 물 위를 걷고 있다는 신기한 느낌은 결국 사라져버렸다. 어서 건너편 물가에 닿고 싶었지만 가도 가도 끝이 없는 느낌이었다. 갈릴리 호수는 조그만 못이 아니었다.

바로 그때, 오른편 앞쪽에서 어둠을 뚫고 수런수런한 사람들의 기척이 났다.

"예수님의 제자들인가요?" 예수님께 물었다.

"그렇군요."

"뭘 하고들 있는 거죠?"

"젖 먹던 힘까지 짜내 호수를 건너가려 하고 있네요."

예수님은 한 점 흐트러짐 없이 앞만 보고 계속 걸었다.

"어떻게 하시려고요?"

"그냥 지나쳐 가려고."

"지나쳐 가버리시겠다고요? 왜요?"

예수님은 물 위에 우뚝 멈춰 섰다. "저 친구들은 아직 배워야 할 걸 다 배우지 못했기 때문이에요. 내가 시킨 일을 제힘으로 해낼 수 있으리라 여기고 있거든요. 아직 자기를 믿는 자부심이 대단하단 뜻이죠." 예수님은 고개를 절레절레 흔들었다. "그렇게 해서는 새로운 삶을 살 수가 없는데.

이 새로운 삶은 곧 의지하는 삶, 하나님이라는 존재 자체를 믿고 기대는 삶이거든요. 그래서 제힘으로 무얼 어찌해보려는 이들에게 하늘 아버지가 늘 하셨던 일을 나도 하려고 하는 거예요. 제멋대로 하도록 내버려두는 거죠. 그러지 않으면, 저 친구들은 풍랑을 뚫고 내가 나타나기를 기대하지 않을 게 빤하거든요. 사람들은 폭풍우에 휩쓸려도 좀처럼 하나님을 찾으려 들지 않아요. 바로 거기가 하늘 아버지를 가장 쉽게 만날 수 있는 자리인데도 말이에요."

갑자기 배에서 사람들의 비명이 터져 나왔다. "유령이다! 유령이야!"

예수님은 고개를 돌리고 말했다. "그것 봐요, 내 말이 맞죠?" 그러곤 손을 모아 입에 대고 크게 외쳤다. "겁내지 마라, 나다!"

"주님, 정말 주님이시면…." 베드로는 악을 쓰다시피 소리쳤다. "저더러 물 위로 걸어오라고 말씀해주세요!"

"오너라!" 주님의 명령이 떨어졌다.

베드로가 뱃전을 타넘고 우리를 향해 물 위를 걸어오기 시작하는 모습을 지켜보았다. 하지만 그는 고작 몇 초를 견디지 못하고 주위를 두리번거리더니 물속으로 푹 꺼져 들어가고 말았다. "주님, 살려주세요!"

예수님은 내게 웃음을 지어 보였다. 예수님이 베드로를 물에서 건져내는 사이에 난 배에 올라탔다. 주님도 베드로와 함께 배에 올랐다. 이러저러하는 사이에 배는 반대편 물가에 닿았다.

제자들은 큰 충격을 받은 듯했다. 나도 마찬가지였다. 복음서에 이런 설명이 적혀 있었던가? 그런 얘기는 누구한테서도 들어본 적이 없었다. 하지만 예수님의 풀이를 직접 듣고 나니 그 속뜻이 더없이 선명하게 머리에 들어왔다. 제자들이 제힘으로 해낼 수 없었던 일이 예수님의 개입과 동시에 간단히 해결되어버렸다. 중요한 건 분투와 씨름이 아니라 신뢰였다. 예수님은 영성 훈련과 관련해 바로 이런 사실을 내게 알려주고 싶어 했던 게 아닐까?

내 삶이 갖는 이런 의미들에서 벗어날 수가 없었다.

예수님은 배에서 내려 호수를 등지고 걷기 시작했다. 나도 서둘러 따라나섰다.

"어디로 가시게요?"

"가까운 마을로 가려고요."

"그럼 저는 어떡하죠?"

"저 동네에 엠마한테 꼭 소개해주고 싶은 특별한 사람이 있어요. 엠마가 나머지 답을 찾을 수 있도록 그 사람이 힘을 보태줄 거예요."

늘 그렇듯, 이번에도 예수님은 나보다 한걸음 먼저 앞질러 갔다.

10
마르다

내가 있는 곳은 또 다른 집이었다. 흙벽에 창틀을 달고 덧문을 대고, 아래쪽은 흙바닥이었다. 여기서 들어가본 단층집들은 다 이런 식이었다. 옆방에서 익숙한 음성이 들렸다. 예수님의 목소리였다.

음식을 준비하는 방에 내가 있는 듯했다. 부엌이라고 해야 마땅하겠지만, 주방임을 보여주는 통상적인 물건은 단한 점도 보이지 않았다. 여인 몇이서 부산스레 움직이며 음식을 접시에 담고 있었다. 기진맥진, 다들 지쳐 보였다. 가장 어른인 듯 보이는 사람이 다른 여자들에게 이런저런 지

133

시를 내렸다.

　나는 거실로 들어갔다. 스무 명 남짓 되는 이들이 모여 있었다. 예수님은 누군지 알 수 없는 인물 두 사람과 함께 의자에 앉아 있었다. 제자들을 비롯해 다른 손님들은 모두 맨바닥에 둘러앉았다. 상석에서 먼 쪽 벽에는 여자들 몇몇이 기대앉았다. 칭얼대는 아이를 달래 조용히 시키느라 애쓰는 모습도 보였다. 그런데 한 여자만큼은 예수님의 오른쪽 발치에 앉아 있었다. 제자리를 벗어나 예수님과 남자들 틈에 끼여 있는 것이 이상해 보였지만 정작 본인은 신경 쓰지 않는 눈치였다.

　예수님은 사람들을 가르쳤다. 하나같이 숨을 죽이고 귀기울여 말씀을 들었다. 적어도 어른들은 그랬다. 나도 메시지에 빠져들었다. 예수님이 지금 들려주고 있는 말씀이 성경 어디에 나오는지 생각해내려 애써봤지만 이렇다 싶은 본문이 떠오르지 않았다. 뭐, 놀랄 일은 아니다. 예수님의 말씀이 대부분 성경에 수록된 건 아닐 것이다. 3년 동안 거의 날마다 사람들을 가르쳤는데, 복음서는 그 가운데 아주 핵심적인 내용들만 추려 담았을 것이다.

　"온유와 인내는 대단한 힘을 가졌습니다." 예수님이 말했다.

"하지만 그 힘은 금방 드러나지 않습니다. 말하자면 이런 식입니다. 높은 언덕에 돈 많은 노인이 홀로 살고 있었습니다. 그런데 마을로 내려올 때마다 늘 다른 사람들에게 매몰차게 굴었습니다. 아이들은 언덕 위로 올라가 노인에게 소리를 지르며 놀려댔습니다. 노인이 문간까지 쫓아 나와 고래고래 욕설을 퍼부어대면 개구쟁이 아이들은 와 웃으며 흩어지곤 했습니다. 그러기를 얼마나 오래했는지 모릅니다.

하지만 어린 여자아이 하나만은 노인을 불쌍하게 여겼습니다. '꼭 우리 할아버지를 보는 것 같아.' 아이는 이렇게 생각했습니다. 그래서 일주일에 한 번씩 들판에서 꽃을 한 묶음씩 따다가 언덕 위 노인의 집 문간에 가져다두었습니다.

시간은 계속 흘러갔습니다. 언제부터인가 아이들이 골려대는데도 노인은 악담을 쏟아내지 않았습니다. 그리고 마침내 노인은 세상을 떠났습니다. 노인에게는 피붙이가 없었던 터라, 마을 주민들이 나서서 재산을 관리할 수밖에 없었습니다. 동네 사람들이 노인의 집을 찾아가는 날에도 소녀는 꽃다발을 들고 따라나섰습니다. 그리고 집 안에 들어선 아이는 깜짝 놀라서 말했습니다. '내가 가져다드린 꽃들

을 가지고 온 벽에 이렇게 멋진 무늬를 그려 넣으셨네!'

노인의 식탁 위에는 마을 아이들의 이름이 모두 적혀 있었습니다. 그리고 이름마다 노인이 아이들을 축복하는 기도 글이 붙어 있었습니다. 맨 밑줄에는 당부하는 말도 써놓았습니다. '꼬마들이 자라면, 남은 재산을 온 동네 아이들에게 골고루 나눠주시오. 녀석들은 내게 축복이었소. 꼬맹이들이 이 언덕까지 와주지 않았더라면 난 사랑하는 법을 끝내 배우지 못했을 거요.'"

예수님이 다시 말을 이으려는 순간, '부엌'을 지휘하는 듯했던 여자가 방문을 벌컥 열고 들어왔다. 한눈에 봐도 잔뜩 성이 난 눈치였다.

"마르다!" 한 제자가 말했다. "식사 준비는 다 됐소?"

여자는 식사를 재촉하는 제자를 한번 노려보더니 이내 예수님께 달려갔다. 손님 몇을 말 그대로 타넘다시피 서둘렀다. 얼굴에는 노기가 가득했다.

"주님!" 여자가 목소리를 높였다. "마리아가 저렇게 손님 접대를 저한테 다 미루고 있는데, 그걸 그냥 보고만 계실 거예요!"

틀린 말은 아니었다. 마르다는 두 몫을 하며 이리 뛰고 저리 뛰어다닌 터였다. 그 입장이었더라면 나라도 그렇게 화가 났을 것이다. 마리아는 두 손 놓고 앉아서 말씀을 들을 뿐, 아무 일도 하지 않았다.

"마리아한테 그만 나가서 저를 거들라고 말씀 좀 해주세요!" 마르다가 졸랐다.

예수님은 마르다를 보고 빙그레 웃으며 따듯하게 말했다. "마르다, 너무 많은 일로 염려가 깊고 생각이 복잡하구나. 하지만 꼭 필요한 일은 하나뿐이란 얘기를 해주고 싶구나." 그리고 여전히 자기 발치에 앉은 마리아를 굽어보며 말했다. "마리아는 좋은 몫을 택했다. 그러니 아무도 빼앗아갈 수 없을 거야."

마르다는 예수님을 바라보며 한숨을 쉬었다. 무슨 할 말이 있겠는가? 그녀의 불평이 지극히 당연하다는 생각이 들었다. 혼자서 정신없이 일했다. 하지만 예수님은 그런 점을 하나도 헤아리지 않는 것 같았다.

문득 답이 확연히 눈에 들어왔다. '무엇이 나를 영적으로 성장하게 하는가?'라는 물음에 대한 답 말이다. 마리아와 마르다의 이야기를 볼 때마다 성경 읽기와 공부에 더 시간을 들여야 한다는 가르침으로만 받아들였다. 그것도 사실이어서 열심히 실천하기만 하면 참으로 유익할 것이다. 하지만 핵심을 놓치고 있었다. 예수님이 산 위에서 갈릴리 호수를 굽어보며 들려주셨던 말씀이 바로 본질이었다. 답은 늘 존재 그 자체에 있었다. 마리아는 예수님의 존재 그 자체를 선택했다.

그날 오후, 예수님은 혼자 그 집 지붕으로 올라갔다. 예수님과 단둘이 시간을 보내기에 딱 맞는 기회였다. 나는 야트막한 돌벽에 기대앉았다.

"영적으로 성장하는 것에 관한 제 질문에 답을 하셨더군요. 그렇죠?" 예수님께 물었다.

예수님은 고개를 끄덕였다.

"마르다에게 하신 말씀, 그러니까 마리아가 좋은 몫을 택했다는 그 말씀을 생각할 때마다 제가 밟아야 할 영적인 프로그램을 먼저 생각했어요. 하지만 영적인 성장이란 그런 게 아니었더군요. 제가 제대로 이해했나요?"

예수님은 미소를 지었다. "엠마를 영적으로 부쩍부쩍 자라게 할 수 있는 이, 그래서 나를 더 닮게 해줄 수 있는 이는 오로지 나뿐이에요. 영적인 훈련이 아니라 내가 당신을 변화시킨다는 말이죠."

"그래도 훈련이 도움은 되겠지요?"

"물론이에요! 영적인 훈련이 필요 없다는 얘기가 아니에요. 훈련은 대단히 중요하죠. 하지만 거기서 유익을 얻으려면 초점이 내게 맞춰져야 하죠. 관념적으로가 아니라 인격적으로 날 바라봐야 한다는 말이에요. 훈련의 목적은 엠마를 끊임없이 내 안에 머물게 해서 존재의 가장 깊은(그러니까 내가 있는) 데서 나오는 힘으로 살아가게 하는 거예요. 영성을 무기로 누군가에게 특별한 인상을 준다든지, 영적인 체크리스트를 만들어서 하나하나 지워나가는 게 목적이 아니란 말이죠. 엠마를 온전히 사랑하며 권능으로 엠마를 위해 일하는 내 존재를 깨닫도록 돕기 위한 장치일 따름이죠. 엠마, 난 생명이에요. 엠마 안에서, 또 엠마를 통해 살 수 있는 존재는 오로지 나뿐이에요. 내 영은 엠마의 영과 연결되었어요. 이제 우린 하나인 셈이죠. 엠마를 통해 나를 드러내게 된 거죠."

무슨 말을 해야 할지 알 수 없었다. 이건 평소 기독교 신앙을 생각할 때 머릿속에 그리던 수준을 훨씬 뛰어넘는… 친밀감이라는 말로도 다 담아낼 수 없는… 뭐 그런 느낌이 들었다. 그리고 새로이 알게 된 사실이 있었다. 내가 스스로의 삶을 그런 눈으로, 다시 말해 예수님과의 친밀한 연합으로 바라보길 주님은 간절히 바라신다. 자원해서 십자가를 지신 까닭도 그 길을 열기 위해서였다.

하지만 아직도 의문 하나가 끈질기게 남아 틈만 나면 고개를 쳐들었다.

"예수님…."

"응. 왜 그래요?"

"저를 통해 주님을 드러낸다고 하셨잖아요? 어떻게 그럴 수가 있죠? 전 죄인에 지나지 않는데요?"

예수님은 몸을 일으키며 환하게 웃었다. "잘못된 생각을 하나 바로잡았으니 오늘은 그만하면 된 것 같은데, 안 그래요? 나머지는 남겨두었다가 다음에 또 처리하기로 하죠."

11
나사로

    흐느낌. 누군가 구슬프게 흐느끼는 소리에 잠을 깼다. 갓난아기가 젖을 보채는 울음과는 달랐다. 분명 어른들이 울부짖고 있었다. 적어도 열 명은 넘는 것 같았다. 왠지 모르게 두려웠다. 낯선 세계에서 무슨 일과 맞닥뜨리게 될 것인가?

    대낮이었다. 오른편으로 멀리, 얼추 3킬로미터쯤 떨어진 곳에 커다란 도시가 보였다. 예루살렘이 아닐까 싶었다. 왼쪽 가까운 곳에도 조그만 마을이 자리를 잡고 있었다. 울음소리는 거기서 들려오고 있었다.

    예수님은 어디에도 보이지 않았다. 예루살렘으로 가고

싶었다. 그저 저 고통스러운 통곡 소리에서 벗어나려는 마음밖에 없었다. 막 그쪽으로 길을 잡으려는데, 한 무리의 사람들이 언덕을 올라오는 게 눈에 들어왔다. 예수님이 행렬을 이끌고 있었다. 뒤따르는 이들 가운데 제자들 몇이 섞여 있는 걸 금방 알아볼 수 있었다.

행렬이 다가오길 기다렸다. 그런데 베일을 뒤집어쓴 여자 하나가 마을에서 달려 나왔다. 검은 옷으로 온몸을 감싸고 있었다. 상복이 틀림없었다. '통곡 소리의 원인이 바로 저거였군.' 슬픔을 마음껏 드러내는 걸 죽음을 다루는 방법으로 인정하는 문화들이 있다. 그건 21세기 세계에서도 마찬가지다. 어느 책에선가 그렇게 읽었다. 아무튼.

아까 들은 통곡 소리 가운데는 저 여자의 흐느낌도 들어 있었을지 모른다. 여자가 걸음을 멈췄다. 예수님이 오고 있다는 소식을 들은 모양이었다.

"마르다!" 여자가 다가오자 예수님이 이름을 불렀다.

아까 만났던 바로 그 마르다가 분명했다.

"주님이 여기 계셨더라면 오라비는 죽지 않고 아직 살아 있었을 거예요." 마르다가 말했다.

'예수님을 원망하는 것 같은데?' 내 귀엔 꼭 그렇게 들렸다.

마르다는 흐느낌을 억누르며 말했다. "하지만 지금이라도 주님이 아버지께 구하면 하나님은 무엇이든 다 들어주신다는 것을 압니다."

"네 오라버니는 죽음에서 다시 살아날 것이다." 예수님이 대답했다.

마르다는 더 서럽게 울었다. "알고 있어요. 마지막 날, 다시 살아나겠지요. 부활할 때 말이에요."

"마르다야, 내가 곧 부활이다. 내가 곧 생명이기도 하고. 누구든 나를 믿으면 육신은 죽음을 맞을지라도 여전히 삶을 이어가게 되는 거야. 마르다, 너는 이 진리를 믿느냐?"

마르다는 고개를 주억거렸다. 그리고 나서 잠깐 숨을 고른 후 고백했다. "주님, 전 언제나 믿고 있습니다. 주님은 메시아이고 하나님의 아들이십니다. 하나님으로부터 세상에 오신 분이고요." 그리고 나서 몸을 돌려 서둘러 마을로 달려갔다. '예수님과 이야기를 나누다 말고 어딜 가는 거지?' 궁금했다.

예수님은 제자들에게 둘러싸인 채 그 자리에 그대로 서 있었다. 아무도 말이 없었다. 귀에 들어오는 소리라고는 동네 쪽에서 들려오는 곡소리뿐이었다. '저 소리가 얼른 끊어지면 좋겠어.' 속으로 생각했다.

잠시 후, 검은 상복을 입은 또 다른 여자가 마을에서 나와 예수님을 찾았다. 걸음걸이가 느렸다. 두 어깨가 축 늘어져 온몸에서 절망의 기운이 뚝뚝 묻어났다. 여자가 구슬프게 울자 다른 사람들의 눈가도 촉촉해졌다. 남녀를 가리지 않고 모두가 눈물을 흘렸다. 마리아였다. 마리아의 삶은 그녀의 집에서 내가 처음 보았을 때와 완전히 달라졌다.

마리아는 예수님 앞에 이르자 털썩 무릎을 꿇었다. "주님!" 울음을 참느라 말이 끊겼다. "주님이 여기에 계셨더라면 나사로 오빠는 죽지 않았을 거예요." 말은 마르다와 판박이처럼 비슷한데 어투가 달랐다. 너무 무심했던 게 아니냐고 원망하는 기운은 배어 있지 않았다. 그저 오라비를 잃은 크나큰 슬픔을 하소연할 따름이었다.

'겁을 내고 있나?' 불현듯 그런 생각이 떠올랐다. '오빠 없는 세상을 마주해야 할 미래를 그리고 있을지도 몰라.' 나사로와 마르다, 마리아는 함께 살았다. 아마 오라비는 두 여동생의 생활을 책임졌을 것이다. 그런데 이제 그 울타리가 사라졌으니 자매는 제힘으로 먹고살아야 했다. 마르다

입장에서는 미래가 암울해 보일 법했다. 예수님을 믿는 믿음이 그 두려움을 누그러뜨려주려나? 알 수 없었다. 그 처지가 되어본 적이 없으니 속내를 가늠하기 어려웠다.

예수님을 돌아보았다. 그리고 처음으로 그분의 얼굴에서 괴로운 표정을 보았다. 예수님 역시 눈앞에 펼쳐지는 장면들에 마음이 상하신 게 틀림없었다.

'하지만 왜? 주님은 자신이 무엇을 해야 할지 잘 알고 계시잖아?'

"나사로를 어디에 두었소?" 예수님이 물었다.

문상객들 가운데 한 사람이 대답했다. "이쪽으로 오세요, 주님."

예수님은 마리아를 돌아보시더니 그 자리에 주저앉았다. 눈물 한 방울이 뚝 떨어지더니 이내 뺨을 적시며 줄줄 흘러내렸다. 예수님은 흐느끼기 시작했다. 너무 놀라서 그 자리에 얼어붙고 말았다.

'도대체 왜 이렇게 우시는 거지? 친구들이 너무 슬퍼하는 것 때문에 마음이 아프셨던 걸까? 하지만 알다시피 예수님은 곧 나사로를 다시 살리실 거잖아?' 이 모든 눈물과 슬픔은 곧 비할 데 없는 기쁨으로 바뀔 참이었다.

뒤편에서 동네 문상객들이 주고받는 이야기가 들렸다.

"저분 좀 보세요. 나사로를 얼마나 깊이 사랑하셨는지 알 겠네요."

"저 양반이 눈 먼 사람을 고쳐준 바로 그분이래요." 또 다른 문상객이 소리를 잔뜩 낮춰 속삭였다. "제때 오시기만 했더라도 나사로는 죽지 않았을지 몰라요."

한참 시간이 흐른 뒤에 예수님은 자리에서 일어났다. 사 람들이 그분을 무덤으로 안내했다. 1세기 무덤이 21세기 묘지와 똑같지 않다는 사실은 어렴풋이 알고 있었다. 두 눈 으로 보니 정말 그랬다. 이곳에선 커다란 바위산 밑자락에 뚫린 굴을 무덤으로 쓰고 있었다. 아주 커다란 바위가 입구 를 가로막고 있었다. 무덤 입구를 가리려고 일부러 잘라낸 것 같았다.

"돌을 치워라."

마르다가 화들짝 놀라서 앞을 막았다. "주님, 오라비가 죽은 지 벌써 사흘이나 지났습니다. 지금쯤이면 악취가 진 동할 거예요."

예수님은 마르다를 돌아보며 단호하게 명령하셨다. "이 미 말하지 않았느냐, 마르다? 나를 믿으면 하나님의 영광을

볼 것이다."

마르다는 여전히 내키지 않는 눈치였다. 그녀가 머뭇머뭇 가까이 서 있는 장정에게 말했다. "돌을 치우세요."

사람들이 나서서 무덤의 문을 열었다. 예수님은 하늘을 우러러보며 말했다. "아버지, 제 말을 들어주셔서 감사합니다. 아버지께서 언제나 제게 귀 기울여주시는 걸 잘 압니다. 하지만 여기 모인 사람들을 위해 이렇게 말씀드립니다. 아버지가 저를 보내셨음을 이들이 믿게 하려는 뜻입니다."

그러고 나서 무덤 쪽을 향하여 큰 소리로 명령했다. "나사로야, 나오너라!"

결과를 뻔히 아는데도 마른침이 넘어갔다. 잠시 후, 수의로 온몸을 감싼 몸뚱이가 무덤 입구에 나타났다. 난리도 그런 난리가 없었다. 여자들은 비명을 질러댔다. 두엇은 정신을 잃었다. 한 남자는 다리에 힘이 풀려 바닥에 주저앉았다. 다른 사람들은 기쁨에 겨워 환호했다.

"수의를 풀게." 예수님은 차분한 목소리로 지시했다.

남자 둘이 황급히 나사로에게 다가가서 꽁꽁 묶은 끈을 풀고 수의를 벗겼다. 누군가 나사로에게 입힐 겉옷을 챙겨 왔다.

그로부터 몇 시간 동안은 잔치판이었다. 나사로와 그 자리에 있던 사람들이 모두 어울려 함께 즐거워했다. 무덤에서 걸어 나오는 순간, 그 누구보다 놀랐던 인물은 두말할 것도 없이 나사로 본인이었다. 소문은 순식간에 퍼졌다. 말 그대로 눈 깜짝할 사이에 구경꾼은 수백 명으로 늘어났다. 날이 저물자, 예수님은 슬쩍 집을 빠져나와 산책을 나섰다. 나는 얼른 따라붙었다.

"애당초 이렇게 고통스러운 일이 생기지 않도록 막으실 수도 있었잖아요?" 마을을 벗어나 예루살렘을 향해 걸으며 내가 물었다.

예수님은 고개를 끄덕였다.

"하지만 그러지 않으셨죠."

"그러지 않았죠."

"어째서요?"

"하나님의 영광이 드러나게 하려고 그랬어요." 예수님은 대답했다. 그리고 잠시 뜸을 들였다 말을 이었다. "그 사람들을 위해서이기도 하고. 마리아와 마르다, 그 밖에 여기 있는 뭇 사람들 말이에요."

혼란스러웠다. 나는 도리질을 치며 물었다. "어떻게 그게 마리아와 마르다를 위한 일이 될 수 있죠?"

"다른 사람들과 마찬가지로 그 두 사람도 훗날 일어날 일들을 진심으로 믿고 있어요. 언젠가는 부활이 일어나고 만사가 다 바로잡히리라 확신하고 있죠. 어김없는 사실이긴 하지만, 다들 핵심을 놓치고 있어요."

"핵심이요? 그게 뭐죠?"

"하나님의 구원은 현재의 일이에요. 시제가 현재라는 말이죠. 먼 미래에 벌어질 일에 그치지 않는다는 말이에요. 하나님의 생명은 현재적이에요. 나는 부활이고 또 생명이에요. 내가 누군가와 연합하게 되면 그때부터 영원한 생명이 시작되는 거예요. 영원한 생명이란 현재의 삶이 덧대기식으로 끊임없이 연장되는 것이 아니에요. 영원한 생명은 하나님의 존재 자체를 가리키죠. 내가 바로 영원한 생명이에요. 그러니까 내가 엠마 안에 살면 곧 영원한 생명이 엠마 안에서 살아가는 거예요. 그건 현재 시제예요. 하나님은 늘 현재형이에요.

일전에 이야기한 적 있었죠? 난 생명이에요. 애초에 자신을 염두에 두고 자기가 뜻한 방식대로 삶을 살아가자면 선택의 여지가 없어요. 엠마가 말하는 그 '크리스천의 삶'을 살아가도록 도우려고 내가 왔다고 생각하면 오해예요. 난 엠마 안에서 내 삶을 살러 왔을 뿐이죠. 그럴 수 있는 이는 나뿐이기 때문이에요. 오로지 나만 내 삶을 살 수 있어요."

나는 말없이 몇 분을 더 걸었다. 뭐라 대꾸를 해야 할지 알 수 없었다. 방금 예수님이 해주신 말씀은 교회 가서 설교를 들으며 생각했던 것과는 딴판이었다. 정확하게 이런 식으로 설명해준 사람은 아무도 없었다. 되짚어보면, 크리스천의 삶은 스스로의 노력에 달렸고 하나님은 이편에서 손을 내밀 때 도움을 주는 정도라는 식의 관념을 기독교의 기본 메시지로 알고 살아온 게 사실이었다. 하지만 정작 예수님은 그와는 전혀 다른 이야기를 하고 있었다. 어쩌다 나는 그런 생각을 품게 되었던 것일까?

그제야 두루 꿰이는 점이 있었다. 나도 모르게 걸음을 멈추고 물었다. "무덤 앞에서 주신 가르침이랑 제자들과 배를 타고 호수를 건널 때 그리고 얼마 전 마르다와 마리아의 집에서 주신 가르침이 결국 같은 내용이네요. 그렇죠?"

예수님은 돌아서서 나를 보며 말했다. "왜 그렇게 생각해요, 엠마?"

"답은 늘 하나님이라는 존재 자체에 있다고 호수에서 말씀하셨어요. 그리고 마르다와 마리아의 집에서는 성장은 프로그램이나 체크리스트의 문제가 아니라고도 지적하셨죠. 그런데 오늘도 두 자매에게 같은 취지의 말씀을 하셨잖아요. 미래의 부활은 답이 될 수 없다고요. 답은 바로 주님이라면서요."

예수님의 얼굴에 웃음이 번졌다. "멋지군요. 엠마가 정리한 걸 내가 좀 가져다 써도 될까요?"

우린 함께 웃었다.

예수님은 앞으로 시선을 돌렸다. 예루살렘이 어느새 코앞이었다. "이젠 돌아가죠." 길을 되짚어 마리아와 마르다가 사는 동네 쪽으로 방향을 잡았다.

"뭐 하나 여쭤봐도 돼요?" 사실 몇 시간째 가슴을 짓누르는 문제가 있었다.

"물어봐요."

"아까는 왜 우셨어요? 문제가 다 잘 해결되리라는 사실을 뻔히 알고 계셨잖아요."

한동안 답이 없던 예수님이 마침내 입을 열었다. "마리아가 느꼈을 그 슬픔을 나도 느꼈기 때문이에요. 그 친구가 그렇게 큰 괴로움을 겪기를 바라지 않았어요. 그게 한 가지 이유였을 거예요."

한 가지 이유라고? "그럼 다른 이유는 뭔데요?"

"그 장면 전체가 얼마나 끔찍하고, 부자연스럽던지!"

"하지만 죽음은 자연스러운 일 아니던가요?" 내가 이의를 제기했다.

예수님은 단호한 표정으로 고개를 가로저었다. "그렇지 않아요! 엠마가 거기서 지켜본 그 어떤 것도 세상이 작용하는 본래의 방식은 아니에요. 죽음 같은 건 애초에 없었으니까요. 인간은 죽음을 두려워하며 살아가도록 지음 받은 존재가 아니었어요. 멸망, 다시 말해 죄가 불러오는 파국을 바라보며 살아갈 운명이 아니었단 얘기죠. 이 타락한 세상은 인류가 깃들 집이 아니에요. 인간의 집은 하나님 안에 있기 때문이죠. 내가 회복하려는 게 바로 그 점이에요."

"앞으로만이 아니라 지금도요?" 머뭇머뭇 다시 물었다.

예수님은 함박웃음을 지었다. "엠마는 지금 막 첫발을 내딛은 거예요."

밤이 깊었다. 공기가 차가워졌다. 걷다 보니 동네 어귀였다.

"엠마 안에서 내 생명을 체험한다는 것이 무얼 의미하는지 더 자세히 알고 싶겠죠?" 예수님이 물었다.

고개를 끄덕이는 걸로 대답을 대신했다. 그분은 이번에 도 한걸음 앞질러 갔다. "예수님, 제가 집으로 돌아간 뒤에 는 어떻게 이걸 경험할 수 있나요? 어떻게 하면 모든 문제 의 답인 예수님을 실감할 수 있을까요?"

"가르쳐줄게요. 하지만 엠마가 반드시 기억해야 할 점이 있어요. 그러자면 늘 믿음을 통해야 한다는 거죠. 지금 이 순간에도 내가 엠마 안에서 내 삶을 살고 있다는 사실을 신 뢰하고 의지해야 한다는 거예요. 그게 엄연한 사실이니까."

"그렇지만 저는… 어떻게 그런 삶을 살아내야 할지 잘 모르겠어요."

예수님이 빙그레 웃었다. "괜찮아요. 그래서 날 믿고 내 게 기대라는 거예요. 답은 항상 어디에 있다고 했죠?"

내가 활짝 웃으며 대답했다. "알아요, 안다고요."

12
마리아

한밤중에 어느 집 안에 들어와 있었다. 공기가 차가웠다. 이스라엘에서는 한겨울뿐만 아니라 여름에도 밤공기가 냉랭한 것 같았다. 음식 냄새가 그 속에 스며 있었다. 옆방에서 여러 사람들의 목소리가 들려왔다. 파티라도 하는 걸까? 그쪽으로 가보았다. 서른 명, 어쩌면 서른다섯 명쯤 되는 사람들이 모여 있었다. 저마다 식탁에 몸을 기대거나 여기저기에 선 자세로 웃고 떠드느라 정신이 없었다. 창은 닫혀 있었다. 큰 불을 지펴놓은 데다가 사람들 몸에서 나오는 열기에다 냄새까지 더해져 방 안은 후끈했다. 그렇게 여럿이

들어갈 만큼 큰 집은 아니었다. 하지만 예수님이 가는 곳이면 어디나 사람들이 북적거렸다.

예수님은 알파벳 U자 모양으로 생긴 식탁 먼 쪽 끝에 앉아 있었다. 그분에게 큰 관심이 쏠리는 건 사실이었지만 여러 사람이 한꺼번에 이야기를 하는 통에 분위기가 시끌벅적 요란했다. 열두 제자들 가운데 몇몇은 식탁에 둘러앉았다. 다른 제자들은 방 안에 두루 흩어져 있었다. 화려한 예복을 차려입은 남자 둘이 눈에 띄었다. 아마 종교 지도자인 듯했다. 차림새를 보면 주머니 사정을 알 수 있었다. 건너편에서 나사로가 무언가를 설명하는 모습이 보였다. 수많은 사람들이 빙 둘러서서 귀를 쫑긋 세우고 이야기를 들었다.

다른 방에서 한 여자가 들어오더니 예수님께 무슨 말인가를 전했다. 예수님은 고개를 끄덕였다. 여자가 고개를 들었다. 낯이 익었다. 마르다였다. 방 안을 둘러보았는데, 보여야 할 얼굴이 보이지 않았다. 나사로는 있었다. 마르다도 있었다. 그런데 마리아는 어디로 갔지? 이번에도 예수님 곁에 바짝 붙어 앉았을 줄 알았는데 방 안 어디서도 자취를 찾을 수 없었다.

예수님은 내 쪽으로 눈길을 주더니 까딱하고 고갯짓을

했다. 잔치를 서둘러 끝내려는 눈치는 조금도 보이지 않았다. 그냥 가만히 앉아서 기다려보라는 뜻처럼 보였다. 방 안을 죽 돌아다니며 오가는 대화들에 귀를 기울였다. 시몬이라는 사람이 잔치를 베푼 주인공임을 알게 되었다. 예수님이 나병을 고쳐주신 인물이었다. 그러니까 모두 나환자, 정확하게는 그 병을 앓았던 이의 집에 있는 셈이었다. 이 파티는 어쩌면 시몬이 여는 첫 잔치일지도 모른다. 그는 시종일관 싱글벙글하며 입을 다물 줄 몰랐다. 제 집에 실제로 이렇게 많은 사람들이 찾아와준 것이 놀라워서 실감이 나지 않는 표정이었다.

나사로는 무덤에서 어떻게 살아나오게 되었는지 들려주고 있었다. 모르긴 해도 최소한 천 번은 되풀이하지 않았을까 싶었다. 마르다는 방 안을 돌아다니며 음식을 나누고, 말을 섞고, 노랫가락을 흥얼거리는 일을 동시에 해내고 있었다. 제자들 가운데 몇몇은 다가올 유월절에 대한 의견을 주고받았다. 유월절 주간이라고? 오랫동안 성경 공부에 참여한 게 허사는 아니었는지 떠오르는 생각이 있었다. '예수님이 곧 십자가에 못 박히시겠구나.'

맞은편에 앉아 있는 예수님은 고작 며칠 앞으로 다가온

156

죽음을 마주하고 있었다. 그리고 그 사실을 누구보다 잘 알고 있었다.

그동안 알아채지 못했던 사실이 처음으로 눈에 들어왔다. 너나없이 웃고 떠드는 가운데도 모인 사람들 사이에는 일종의 위기감 같은 기운이 감돌고 있었다. 흘끔흘끔 예수님을 곁눈질하면서 삼삼오오 소리를 죽여 소곤거리기 일쑤였다. 무슨 일인가 터지길 초조하게 기다리는 분위기였다. 아마도 썩 좋은 일은 아닌 것 같았다.

옆방으로 통하는 문이 열렸다. 손님들의 눈길이 한꺼번에 그쪽으로 쏠렸다. 사람들이 저마다 음식과 마실 것 따위를 쟁반에 받쳐 들고 들어왔다. 가벼운 환호가 일었다. 모두들 자리를 잡고 앉았다. 마르다도 몇몇 동료들과 함께 음식 나누는 일을 거들었다. 자기 일에 집중하고 있었지만 미소를 잃지 않았다. 상황을 즐기는 듯했다.

음식이 다 돌고 나자 방 안은 한결 조용해졌다. 다들 예수님을 바라보았다. 예수님은 음식을 들고 하늘을 우러러 축복 기도를 드렸다. 손님들은 밝은 표정으로 식사를 하기 시작했다. 1세기 세상에 도착한 뒤 처음으로 한몫 끼지 못하는 게 아쉬웠다. '쟁반에서 빵 한쪽이라도 슬쩍해볼까?'

하는 마음까지 들었다. 끊어졌던 대화가 도로 이어졌다. 방 안은 금방 처음 들어왔을 때처럼 시끌벅적해졌다.

손님 가운데 하나가 마르다 쪽으로 몸을 기울이며 낮은 소리로 물었다. "동생은 어디 가고 혼자 있는 거요?"

마르다는 어깨를 으쓱해 보이곤 방문 쪽을 돌아보았다. "곧 올 거예요. 급히 해야 할 일이 있다고 했거든요."

마치 그 소릴 듣기라도 한 듯, 문이 열리고 마리아가 들어섰다. 무어라 꼬집어 말할 수 없는 복잡한 감정이 얼굴에 서려 있었다. 즐거워 보이지 않았다. 도리어 우울한 표정이었다. 손에 화병처럼 생긴 옥합을 들고 있었다. 언뜻 보기에도 세상에 둘도 없을 만큼 값진 물건이었다. 마리아의 손이 가늘게 떨리고 있었다. 마리아는 레이저를 쏘듯 강렬한 시선으로 예수님을 뚫어져라 바라보았다. 예수님 말고는 아무도 눈에 들어오지 않는 듯했다. 처음에는 몇 사람이, 좀 더 후에는 몇 사람이 더, 그러다 마침내 모든 손님들이 예수님을 향해 다가가는 마리아의 움직임을 눈으로 좇았다. 마리아는 식탁에 앉은 예수님 앞에 무릎을 꿇었다. 온 방 안이 찬물을 끼얹은 것처럼 조용해졌다. 목소리를 한껏 죽여 소곤대는 두 사람의 소리가 들렸다. "뭐 하는 거야?"

"선물이라도 드리려는 건가?"

한마디 말도 없이 마리아는 갸름한 병목을 깨뜨려버렸다. "헉!" 하는 탄식이 한꺼번에 터져 나왔다. 향유 냄새가 온 방에 가득 퍼졌다. 진귀한 옥합을 깬다는 건 아무도 예상치 못한 일생일대의 사건이었다. 하지만 뒤이어 더 놀라운 일이 벌어졌다. 자리에서 일어난 마리아는 병에 든 그 값진 기름을 예수님의 머리 위로 다 부어버렸다. 콸콸 쏟아져 내린 향유는 옆얼굴을 타고 줄줄 흘러 수염을 적시고, 목덜미를 타넘고, 옷 속에 스며들고, 마침내 두 발까지 이르렀다. 손님들의 표정을 살폈다. 경악 그 자체였다. 제자들마저도 눈이 휘둥그레져서 쳐다보았다.

이윽고 마리아는 이스라엘 여성이라면 아무도 하지 않을 일을 시작했다. 머릿수건을 벗고 머리칼을 풀어헤쳤다. 방 안에 있던 이들의 입이 하나같이 떡 벌어졌다. 예복을 차려입었던 이들 가운데 하나가 자리를 박차고 일어나더니 방을 가로질러 밖으로 나가버렸다. 쥐 죽은 듯한 정적이 내려앉았다.

마리아는 머릿수건을 내려놓고 머리카락을 뒤로 넘겼다. 그리고 다시 예수님 발치에 꿇어앉았다. 그러고는 상상조차 못했던 일을 시작했다. 손으로 머리카락을 쥐고 기름으로 뒤덮인 예수님의 발을 닦아냈다. 예수님의 발을 닦는 마리아의 눈에서는 내내 눈물이 흘러내렸다. 그녀가 흘린 눈물이 기름과 뒤섞였다.

방 안 가득 웅성거림이 일었다.

"맙소사!"

"어떻게 저런 일이! 보고도 믿을 수가 없네."

"저건 감송향이잖아? 값이 어마어마할 텐데…."

손님 셋이 더 방을 뛰쳐나갔다.

낯익은 제자 하나가 분연히 일어나 예수님을 똑바로 쏘아보았다. 두 눈에 분노가 이글거렸다. "어쩌자고 저 여자가 이걸 주님한테 다 써버리도록 내버려두십니까? 저 정도 양이면 웬만한 일꾼 한 해 월급을 다 털어 넣어야 살 수 있을 겁니다. 그 돈이면 얼마나 많은 가난한 이들을 배불리 먹이고 따듯하게 입힐 수 있었겠습니까?"

전염성이 강한 공격이었다. "그럼, 그렇고말고!" 또 다른 제자가 거들고 나섰다. "맞아!" 두 사람이 더 동참했다. 식탁에 앉아 있던 이들 가운데 상당수가 고개를 주억거리고 있었다.

마리아를 돌아보았다. 남들이 뭐라고 하든, 그녀는 전혀 아랑곳하지 않았다. 말없이 눈물을 쏟아내며 예수님의 발을 닦아낼 따름이었다. 몇몇 제자들은 비난의 칼끝을 마리아에게 직접 겨누었다.

"마리아! 도대체 무슨 생각을 하고 있는 거요? 어쩌면 그렇게 귀한 물건을 허투루 낭비할 수가 있단 말이오?" 누군가 앞장서서 심하게 그녀를 나무랐다.

"아니, 어떻게 이런 낭비를!" 또 다른 사람이 꾸짖었다. "사람이 현실적으로 생각할 줄 알아야지, 이거야 원⋯."

그때 예수님이 자리에서 일어섰다. 그리고 땅에 엎드려 여전히 발을 닦아내고 있는 마리아를 굽어보았다. 예수님은 엄한 눈으로 제자들을 쳐다보며 조용하면서도 단호한 목소리로 말했다. "다들 그만하게." 방 안이 고요해졌다. "마리아를 그냥 내버려둬라, 참으로 장한 일을 하고 있으니. 너희들은 엄두도 내지 못했던 일이지. 하지만 마리아는 정확히 알고 있어. 장례가 머지않아서 기름을 온몸에 바르고 있는 것이다. 이미 한 해 전부터 누누이 이야기했으니 무슨 뜻인지는 알겠지? 지금이 바로 그때야. 마리아가 선한 일을 하는데도 그걸 악하다고 비난하느냐? 신실한 일을 하는데 쓸데없는 짓을 한다고 손가락질하느냐?"

예수님은 공격의 물꼬를 튼 제자를 돌아보았다. 그는 자리에 선 채로 여전히 씩씩거리고 있었다. 아직 분이 풀리지 않는 기색이었다. "유다." 예수님이 그의 이름을 불렀다. "너는 마음만 먹으면 아무 때고 가난한 사람들을 도울 수 있다. 가난한 사람들은 언제나 곁에 있으니까. 하지만 나와는 늘 같이 있을 수 없지. 마리아는 일이 어떻게 돌아가고 있는지 잘 알고 있는데, 너는 어떠냐?"

유다는 잠시 예수님을 물끄러미 마주 보았다. 그러더니 제 가방을 움켜쥐고 성큼성큼 걸어서 밖으로 나가버렸다.

예수님은 다른 제자들을 향해 돌아섰다. 한 명 한 명 눈을 마주치며 물었다. "너희들은 알고 있느냐? 자네는? 자네는 어떤가? 마리아는 너희를 전부 합친 것보다 사태를 더 정확히 파악하고 있어. 그러니 내가 가져온 좋은 소식이 전해지는 곳마다 마리아의 이야기도 함께 전해질 것이다."

아무도 입을 열지 못했다. 그 자리에 얼어붙은 듯 숨을 죽이고 있을 뿐이었다. 전부 다 고개를 푹 숙이고 땅바닥만 쳐다보고 있었다. 마침내 주인장이 나섰다. "자, 자… 이제 식사를 마저 끝내야겠죠? 안 그래요?"

식사는 금방 끝났다. 밥상머리 대화도 거의 없었다. 마침내 마리아가 자리에서 일어나 다른 방으로 들어갔다. 어쩌면 식사를 하러 갔을지도 모른다. 상을 물린 손님들은 하나둘씩 방을 빠져나갔다. 얼마 뒤에는 예수님과 제자들, 마리아와 마르다, 나사로와 시몬만 남았다. 물론 나도 함께였다.

잠시 후, 예수님은 먼저 일어나겠다고 했다. 혼자 시간을 가지겠다며 마리아와 마르다, 나사로가 함께 사는 집에서 다시 보자고 제자들에게 일렀다. 조용히 일어나 예수님 뒤를 따랐다. 몇 분 뒤, 우린 예루살렘으로 가는 길을 나란히 걸었다. 달빛과 별빛만 교교했다. 그렇게 편안한 느낌이 들만한 상황은 아니었지만, 예수님과 함께였으므로 전혀 불안하진 않았다.

"엠마, 오늘 밤에 뭘 배웠어요?"

어디서부터 답을 풀어내야 할지 막막했다. 그날 저녁에 벌어진 사건들을 지켜보면서 적잖이 놀랐다. 그날 그 자리에 있었던 사람들이라면 누구나 다 그랬을 것이다. '십자가에 못 박히기 며칠 전에 예수님께 기름을 붓는 행동에는 아무 문제가 없다는 것이 오늘의 교훈일까?' 아무래도 폭넓은 적용으로 보이지 않았다.

"글쎄요, 잘 모르겠어요." 솔직하게 대답했다.

"그럼 내가 도와주지요. 누구나 자신의 삶에 대해 스스로에게 들려줄 이야기를 가지고 있는 법이에요. 그렇지 않아요?"

"예, 그런 것 같아요."

"엠마도 늘 자기만의 이야기를 정리해서 그게 자신의 삶을 향한 하나님의 이야기와 어떻게 들어맞는지 확인할 필요가 있지요. 어긋나는 부분이 많다면 바른길에서 벗어났다고 봐야 할 거예요."

"알겠습니다." 흠… 예수님이 하는 말이 어떻게 이치에 맞지 않을 수 있겠는가?

"오늘 엠마는 세 가지 인생 스토리가 펼쳐지는 걸 지켜봤어요."

머릿속으로 헤아려보고 나서 말했다. "마리아의 이야기를 말씀하시는 건가요?"

"맞아요."

그다음엔 약간 머뭇거렸다. "그리고… 유다의 이야기인가요?"

"그래요."

"그리고…" 마지막 하나는 도통 감이 잡히지 않았다. "그리고 누구의 이야기죠?"

"나머지 제자들."

순간, 발이 돌부리에 야무지게 걸리는 바람에 하마터면 길바닥에 나뒹굴 뻔했다.

"조심해요." 예수님이 말했다.

"예."

예수님은 하던 얘길 계속 이어갔다. "유다의 이야기는 제 욕심을 채우기 위해 하나님을 이용하려 드는 삶을 보여주지요. 이 친구는 하나님을 제 이야기 속에 억지로 끌어들이고 싶어 했어요. 자신과 스스로의 욕구에 완전히 눈이 먼 나머지 '하나님을 위해 어떤 인간이 되어야 할까?'라는 질문조차 떠올릴 줄 몰랐던 거죠. 하지만 난 유다에게 장단을 맞춰줄 뜻이 없어요. 그 친구의 이야기가 실현되도록 돕기 위해 이 세상에 온 게 아니거든요. 언젠가는 유다도 결국 그 사실을 깨닫게 될 거예요."

"그래서… 그래서 유다는 주님을 팔아넘기러 가버린 거군요."

"그렇죠."

정신이 번쩍 들었다. 정말 잠이 확 깨는 기분이었다. 내가 예수님과 더불어 하룻저녁 근사한 대화를 나누는 사이에 유다는 이미 주님을 배신하기 위해 종교 지도자들을 찾아가고 있었다니!

"유다와 똑같은 스토리를 가진 사람들이 얼마나 많은지 몰라요. 처음부터 끝까지 자신밖에 모르는 사람들이죠. 하나님께 관심을 갖는다 하더라도 자기한테 유익하다 싶을 때뿐이에요. 유다는 돈을 함부로 낭비한다고 마리아를 손가락질했어요. 정작 자신은 삶 전체를 허비하고 있는 줄도 모르고."

"제가 삶으로 유다의 이야기를 써 내려가는 일은 없었으면 좋겠어요."

어슴푸레한 달빛 아래에서도 예수님의 입가에 웃음기가 도는 걸 볼 수 있었다. "걱정 마요. 엠마가 유다의 이야기를 세상에 들려주는 일 따위는 일어나지 않을 거예요. 엠마의 마음은 그와 전혀 다르거든요."

그 말을 듣자 한결 안심이 됐다.

"엠마는 스스로 마리아의 이야기를 들려줄 수 있어요. 마리아는 온 삶을 아낌없이 내어줄 가치가 있는 인물을 만났죠. 아낌없이 준다는 점에서 마리아의 헌신은 내 아버지의 사랑과 비슷해요. 남들이 뭐라고 하든지 신경 쓰지 않고 마리아는 성대한 예배를 드리죠. 하나님이 해주신 일이 너무나 감사해서 어디를 가든 삶이 고스란히 담긴 옥합을 깨뜨려 사랑을 쏟아붓는 거예요. 아무리 비싼 값이라도 서슴없이 치르죠. 세상이 보기에는 한없이 어리석은 짓일 테지만 말이에요. 나를 위해 기꺼이 소모하고 또 소비되길 바라고 있어요. 하나님의 사랑이 그녀의 삶을 몰아가는 거죠."

"그런 이야기를 들려줄 수 있으면 더 바랄 게 없겠어요." 내가 말했다.

예수님은 고개를 끄덕였다. "엠마는 그럴 거예요. 내가 잘 알죠."

예수님은 방금 떠나온 베다니 쪽을 돌아보았다. 그러곤 이내 고개를 돌렸다.

말이 끊기고 침묵이 흘렀다. 한참을 그렇게 걷다가 물었다. "세 번째 스토리는 뭐죠?"

"나머지 제자들이 지금 스스로 들려주는 고백이에요. 오늘 밤, 그게 아주 적나라하게 드러나고 말았죠."

"무슨 말씀인지 모르겠어요."

"제자들 역시 마리아가 너무 헤프다고 생각했어요. 유다처럼 불같이 성을 내진 않았지만 세상의 잣대를 들이댔어요. 늘 그런 식이죠. 하나님을 섬기길 원하지만 여전히 제 방식을 고집해요. 너무 열심히 주님을 섬기는 사람들을 보면 누가 됐든 몹시 마뜩지 않아 해요. 안락하고, 편리하고, 이해할 수 있고, 예측 가능한 경우에만 하나님을 섬기고 싶어 하거든요. 당장은 끝까지가 아니라 중간까지만 가겠다는 심산이지요. 저마다 자신은 다르다고 주장하지만 곧 그렇지 않다는 걸 알게 되는 거예요. 이 친구들은 하나님나라의 기준이 아니라 세상의 잣대에 비추어 성공하길 바라고 있죠. 여전히 세상의 표준에 맞추어 생각하고 헤아리려요. 어떤 의미에서는 안전하게 따라갈 수 있는 메시아, 너무 큰 희생을 요구하지 않는 구세주를 기대하는 셈이에요."

"하지만 그 제자들도 주님을 따르기 위해 이미 큰 희생을 치르지 않았던가요?" 은근슬쩍 이의를 제기했다.

"그랬어요. 하지만 전부를 내놓지는 않았죠. 그 친구들과 마리아의 차이가 바로 거기에 있어요. 마리아는 다른 사람들의 눈에 어떻게 비치든 가리지 않고 넘치도록 내게 사랑을 쏟았거든요. 절대로, 단 한 번도 두 마음을 품고 날 대하지 않았죠. 언제나 삶 전체를 온전히 주었단 뜻이에요. 그 열매는 엠마가 본 그대로예요. 깊은 사랑과 완전한 기쁨, 풍성한 삶이죠.

제자들이 들려주는 스토리를 살아내는 건 대단히 쉬운 일이에요. 실리적이어야 한다, 너무 깊이 빠져선 안 된다, 우리 인생에는 하나님의 자리가 있지만 그 밖에 다른 것들이 차지할 몫도 엄연히 있는 법이다… 뭐, 이런 이야기들이니까.

하늘 아버지는 실리적으로 예배하는 이들을 찾지 않으세요. 마음껏 경배하는 이들을 구하실 뿐이죠. 아낌없이 하나님을 사랑하는 자녀들, 기꺼이 옥합을 깨서 하나님과 이웃들 위에 사심 없이 쏟아부을 사람들을 찾고 계셔요. 이런 사람들은 콸콸 흐르는 강물처럼 내 생명을 흘려보내거든요."

지난번에 예수님의 생명을 내 안에서 체험하는 문제에 대해 더 알고 싶다고 예수님께 말씀드렸던 기억이 났다. "제 안에 있는 예수님의 생명은 이렇게 역사하는 거군요. 그렇죠?"

예수님은 고개를 끄덕였다.

내 내면의 생명은 어떤 상태인지 살펴보고 싶은 마음이

간절했다. 내가 예수님께 물었다. "그럼 이제 저는 자신에게 어떤 이야기를 들려주어야 할까요?" 과연 예수님의 대답을 반길 수 있을지 자신이 없었다. 마지막으로 한마디 더 덧붙였다. "그럼 하나님은 제가 더 헌신하길 바라신다는 거죠? 아닌가요?"

예수님은 절레절레 머리를 흔들었다. "천만에요, 엠마. 하늘 아버지는 더 헌신하라고 요구하시는 게 아니에요."

충격적이었다. 내가 더 헌신하는 걸 바라시는 게 아니라고? 예수님이 어떻게 그런 말을 할 수가 있단 말인가! "그럼 하나님은 제게 뭘 원하시는데요?"

"우리가 더 많이 포기하길 요구하시죠. 더 깊이 그분을 의지하길 바라시고. 답은 언제나 하나님의 존재 자체에 있다고 했죠? 기억해요? 신앙적인 의무들이 가득 들어찬 종합선물세트가 아니라 인격적인 존재로 엠마가 하나님을 더 잘 알아주길 진심으로 원하세요. 그렇게만 하면 엠마 스스로 하나님을 온전히 사랑하고 옹글게 그 뜻을 따르고 싶어하게 될 거예요. 한 점 이지러짐 없이 사랑으로 가득한 하나님의 마음을 정확하게 알게 될 테니까요. 주님의 사랑을 맛보아 알게 되면, 지난번에 우물가에서 사마리아 여인에게 말했던 대로 되는 거예요. 혹시 기억하고 있어요?"

"다시는 목마르지 않을 거라고 하셨어요."

"정답! 바로 그거예요."

13
마지막 만찬

익숙한 방이었다. 언젠가 한낮에 예수님과 함께 여기에 있었다. 한 층 아래 시장통에서 지독한 냄새가 났었다. 그 땐 대낮이어서 요란한 소리가 올라와 방 안을 가득 채웠지만, 지금은 오밤중이라 밖에서는 아무 소리도 들리지 않았다. 그러나 여러 사람이 대화를 나누는 소리로 방 안은 시끄러웠다. 예수님과 마주 앉아 영적인 훈련에 관해 이야기하던 식탁도 그대로였다. 지금은 예수님과 모든 제자들이 기대앉아 있었다. 기름등잔의 침침한 불빛에 사람들의 그림자가 맞은편 벽 위로 기괴하게 나부꼈다.

눈으로 식탁을 훑었다. 음식 접시들이 여기저기 흩어져 있었다. 싹싹 훑어먹은 자국이 보였다. 포도주 잔들은 절반쯤 비어 있었다. 뜯어 먹고 남은 조그만 빵 부스러기들이 곳곳에 뒹굴었다. 식사가 막 끝난 모양이었다. 다락방… 예수님과 제자들… 빵과 포도주. 그렇구나 싶었다. '마지막 만찬이야. 그걸 이제야 기억해내다니!'

제자들 두엇은 아직 손에 빵 조각을 든 채로 열띤 토론을 벌이고 있었다. 어정어정 가까이 다가갔다. 하나님나라에서 누가 가장 큰 인물이냐를 두고 한창 말씨름을 하는 중이었다. 이 판국에? 제자들 사이에 그런 논란이 있었다는 건 알았지만 마지막 만찬을 나누는 자리에서까지? 예수님이 방금 하늘나라에서 먹고 마실 때까지 이 음식을 다시 먹지 않겠다고 말씀하시지 않았던가? 그럼 이제 죽으러 간다고 한 셈이다. 그렇지 않은가? 형편이 그러한데도 제자들은 누가 으뜸이냐 따위의 토론이나 벌이고 있단 말인가? 있을 수 없는 일이었다.

제자들 몇 명이 더 끼어들더니 나중에는 온 방이 들썩들썩할 지경이 되었다. 결국 베드로가 자리를 박차고 일어나 외쳤다. "그만!"

모두들 그쪽을 쳐다보았다. 떠들썩하던 소리가 뚝 끊어졌다. 베드로는 예수님을 찾았다. "주님?"

예수님은 빵 한 조각을 집어 들어 기름에 적셨다. 한 입베어 물고 천천히 씹어 삼키고 나서 제자들을 찬찬히 둘러보며 말을 꺼냈다. "세상의 임금들은 백성들 위에 군림하지. 대단치 않은 자리라도 차고앉은 이들조차 눈곱만 한 권력이라도 휘두르길 좋아해. 하지만 너희들은 그렇게 해선안 된다. 가장 위대한 사람은 가장 어린 아이처럼 되어야하고, 지도자는 섬기는 이와 같아야 해. 세상의 눈으로 보기에 누가 더 대단한지 생각해봐라. 식탁에 기대앉아 식사를 하는 사람이냐, 아니면 그 사람을 섬기는 사람이냐? 당연히 자리를 잡고 식사를 하는 인물이겠지? 하지만 너희들에게 나는 섬기는 사람으로 존재한다."

예수님은 말을 끊고 자리에서 일어났다. 겉옷을 벗고 수건을 허리에 동였다. 벽에 기대 세워두었던 대야를 가져다물을 부었다. 그러고는 제자들 앞에 무릎을 꿇고 하나하나발을 씻긴 다음, 수건으로 감싸 물기를 닦아냈다. 희미한불빛 아래라는 점을 감안해도 제자들의 발은 여간 더러운게 아니었다. 세 제자의 발을 씻기자 먹물이 따로 없을 지경이었다. 예수님은 물을 한 번 갈고 다시 무릎을 꿇었다.

예수님이 발을 닦아주는 동안 제자들의 표정을 유심히 살폈다. 어떤 반응을 보일지 궁금했다. 유다의 몸짓만 또렷하게 눈에 들어왔다. 똥 마려운 강아지처럼 안절부절못하고, 당장이라도 문을 박차고 일어나 밖으로 나가고 싶은 눈치였다.

마지막으로 예수님은 발을 깔고 앉아 한사코 내놓으려 하지 않는 베드로 앞에 꿇어앉았다. "주님이 제 발을 씻겨주시다니요, 말도 안 돼요!"

"베드로, 넌 내가 지금 무슨 일을 하고 있는지 제대로 이해하지 못하고 있구나. 나중엔 잘 알게 될 거야."

베드로는 몸을 배배 꼬며 물러났다. "안 됩니다, 주님! 절대로 제 발을 닦으실 수 없습니다!"

"내가 네 발을 씻기지 않으면, 너는 나와 한 점 상관이 없게 된다."

그러자 베드로는 당장 두 손과 발을 주님 앞에 내밀었다. "그럼 발뿐만이 아니라, 손과 머리도 씻겨주십시오!"

예수님은 활짝 웃었다. "베드로, 세수는 오늘 아침에 하지 않았느냐? 이미 씻었으니 아직 깨끗할 거다. 하지만 발은 길에서 먼지를 뒤집어썼을 테니, 거기만 씻자꾸나." 그러고 나서 제자들을 돌아보며 이야기했다. "발을 다시 씻었으니 이제 깨끗해졌구나. 하지만 너희 모두가 그런 건 아니다."

열두 제자의 발을 다 닦아주느라 적잖은 시간이 흘렀다. 적어도 한 시간은 지난 것 같았다. 씻기길 마친 예수님은 도로 겉옷을 입고 식탁 앞에 앉았다. "내가 방금 했던 일을 이해하겠느냐? 너희는 나를 주님이요 선생님이라고 부르지. 그 말이 맞다. 주이고 선생인 내가 너희 발을 씻겨주었다면 너희도 서로의 발을 씻겨주어야 마땅하겠지? 자, 이렇게 본보기를 보여주었으니, 내가 너희에게 한 대로 서로에게 행하도록 해라. 잊지 마라. 종은 주인보다 클 수 없어. 이러저러한 일을 하도록 파견된 사람은 그를 파견한 이보다 클 수 없는 법이지. 이제 너희는 이러한 사실을 알게 되었다." 주님은 제자들과 하나하나 눈을 맞춘 뒤에 긴 얘기를 맺었다. "그대로 하면 복이 있을 것이다."

참으로 인상적인 장면이었다. 예수님이 한 일을 천천히 복기해보았다. 머잖아 등을 돌리고 도망갈 열한 제자, 그리고 그를 팔아넘기기까지 할 한 제자를 위해 자기를 한없이 낮추고 가장 더럽고 천한 일을 몸소 감당한 하나님의 아들이 여기에 있다. 그런데 난 제이슨을 용서하는 수준에도 이르지 못하고 있다. 어떻게 해야 예수님처럼 살 수 있을까?

〜

아무리 헤아려보아도 열한 제자뿐이었다. 한 명이 사라졌다.

제자들의 꽁무니를 좇아 텅 빈 예루살렘의 밤거리를 걷고 있었다. 행렬의 선두에는 예수님이 있었다. 제자들이 들고 있는 햇불과 가끔씩 창문 밖으로 새어나오는 기름등잔의 흔들거리는 불빛만이 포석이 깔린 길을 비추고 있었다. 다들 말없이 걷기만 했다. 제자들이 그렇게 가라앉은 모습은 처음 보았다.

성문을 지나 예루살렘을 벗어난 뒤에 계곡으로 통하는 길로 접어들었다. 저 멀리, 달빛 아래 커다란 산등성이의 실루엣이 보였다. 길을 벗어나 야트막한 나무들이 자라는 숲으로 들어갔다. 정확히 말하자면, 나무라기보다 덩굴이었다. 알고 보니 포도원이었다.

예수님은 걸음을 멈추고 제자들을 돌아보며 말했다. "오늘 밤, 들려주려는 이야기는 꼭 이 포도나무와 같구나." 그러고는 손을 내밀어 포도덩굴 하나를 들어올렸다. "이렇게 생각하면 된다. 난 참 포도나무다. 아버지는 포도원을 돌보는 농부시고. 그분은 포도나무가 병들지 않고 정상적으로 잘 자라게 보살피시지. 내가 바로 그 포도나무야. 아버지는 내 가지 가운데 열매를 맺지 못하는 가지들을 가려 하나하나 다 잘라버리시지. 하지만 열매를 맺는 가지는….″

예수님은 제자들 가운데 하나를 돌아보았다. "다대오, 혹시 칼 가지고 있느냐?"

제자는 단도 한 자루를 예수님께 건네주었다. 예수님은 그걸 받아들더니 곁가지 하나를 잘라냈다. "그런 가지는 더 많은 열매를 맺도록 깔끔하게 손질해주신다. 열매를 맺는 가지, 그게 바로 하늘 아버지가 구하시는 것이지. 너희로 말하자면, 지금까지 내가 전해준 가르침들로 이미 깨끗하게 다듬어졌어. 열매를 맺을 준비가 되었다는 뜻이야."

멀리서 올빼미 우는 소리가 들렸다. 그것 말고는 사위가 고요했다. 기괴하리만치 조용한 밤이었다.

예수님은 칼을 다대오에게 돌려주고 제자들을 둘러보며 말했다. "너희가 반드시 알아야 할 것이 있다. 너희는 내 안에 머물러야 해. 그게 전부다. 나도 너희 안에 머물 것이다. 아까 그 집에 있을 때도 이야기했지만, 내가 너희 안에 있고 너희가 내 안에 있다는 사실을 명명백백하게 깨닫는 날이 머지않았다. 해야 할 일은 단 하나뿐이야. 그저 내 안에 머물러라."

주님은 손으로 덩굴 하나를 들어 보였다. "이 가지 혼자서는 열매를 맺을 수 없어. 어린아이도 아는 사실이지." 그리고 땅바닥에 나뒹굴던 잔가지 하나를 집어 들었다. "여기서 포도가 날 것 같으냐?"

제자들의 표정을 살폈다. 이렇게 수사적인 질문이라 할지라도 보통 누군가 곧바로 답을 하게 마련이었다. 열에 아홉은 베드로였다. 그런데 오늘 밤은 달랐다. 마치 약속이라도 한 것처럼 입을 꾹 다물고 듣기만 했다.

예수님은 말을 이었다. "가지가 열매를 맺을 수 있는 유일한 방법은 덩굴에 붙어 있는 것뿐이지. 너희와 나 사이도 마찬가지야. 너희가 열매를 맺을 길은 단 하나, 내 안에 머무는 것뿐이다. 호수에서 풍랑에 맞서 노를 젓던 날을 생각해보아라. 그렇게 애써서 얼마나 앞으로 나갈 수 있었느냐?"

이번엔 누군가가 나서서 답을 했다. "한 발도 못 나갔죠."

"바로 그거야. 너희 스스로의 노력은 아무런 결실을 낳지 못한다. 무슨 일에든 늘 그렇지. 너희 혼자 수고해서는 아무런 보람도 얻을 수 없어. 아버지가 기뻐하는 영원한 열매를 맺을 수 없지."

예수님은 길 쪽을 흘낏 돌아보았다. 떠나야 할 시간을 정확히 알고 있는 듯했다. 예수님에게는 지켜야 할 약속이 있었다. 몹시 어려운 약속이었다.

"나는 포도나무야. 너희는 가지이지. 너희가 내 안에 머물고 내가 너희 안에 머물면, 그저 그렇게만 하면 열매를, 그것도 풍성하게 맺게 될 것이다. 하지만 나를 떠나서 너희 혼자만의 힘으로는 아무것도 할 수 없어. 이 사실 하나만은 꼭 기억해야 한다."

무언가 감이 잡히는 것 같았다. 마지막 만찬 자리에서 내가 던진 질문에 답을 찾은 느낌이었다. 예수님은 제자들의 발을 씻겨주었다. 죽었다 깨어나도 그분처럼 살 수는 없었다. 그렇게까지 남을 사랑한다는 건 불가능했다. 하지만 그런 판단은 내 노력을 전제로 하고 있었다. 나 자신의 힘으로는 그런 식의 삶을 살 수 없다. 그게 바로 예수님이 제자들에게 하신 말씀이었다. 그분을 떠나 나 혼자서는 아무것도 할 수 없다.

하지만 예수님이 내 안에 살면….

14
골고다

밤은 아니었다. 그렇다고 낮도 아니었다. 먹구름이 더없이 두텁게 끼었을 때보다 더 짙은 어둠이 하늘을 뒤덮고 있었다. 시간의 흐름이 여기서 끊어지는 게 아닌가 싶을 정도였다.

예루살렘 성벽의 가장 높은 자리, 커다란 돌 위에 서 있었다. 사람들이 길을 따라 성을 빠져나가고 있었다. 다들 조심스러운 기색이었다. 불안한 눈초리로 연신 주위를 흘끔거렸다. 그날 무슨 일이 벌어지려는지 가늠할 수 없어 초조해하는 행색이었다. 몸을 돌려 다른 쪽을 보려다가 불쑥 눈에 들어온 장면에 소스라치게 놀랐다.

정면 언덕 위에 커다란 나무 십자가 세 개가 서 있었다. 하나에 한 명씩 그 십자가에 사람이 달려 있었다. 커다란 쇠못이 손과 발을 꿰뚫고 나무에 박혀 있었다. 모두 벌거벗고 있었다. 숨이 멎을 것처럼 고통스러운 장면이었다. 못 박힌 두 발에 온몸의 무게가 다 실려 말할 수 없이 괴로워 보였다. 가운데 십자가에 매달린 사람의 머리맡에 글귀가 적힌 판자 하나가 붙어 있었다. '나사렛 예수, 유대인의 왕.'

로마 군인들이 가까이에 서 있었다. 숱한 이들이 예수님께 욕설을 퍼붓고 있었다. 화려한 예복과 두건으로 치장한 이들도 끼어 있었다. 몇몇 여자가 예수님 발아래에서 무릎을 꿇고 눈물을 쏟았다.

그 사람들이 느끼는 아픔의 근원으로 나는 재빨리 눈을 돌렸다. 십자가에 달린 예수님을 보고 많은 사람들이 이런저런 이야기를 나누는 소리가 시끄러웠지만 그분의 참모습을 대하는 순간, 온갖 소음이 일시에 사라져버렸다. 예수님의 모습에 가슴이 찢어지는 것 같았다. 가시관에 짓눌린 머리에서 등을 타고 피가 시냇물처럼 흘러내렸다. 얼굴은 하도 얻어맞아서 알아보기 어려울 정도였다.

시선이 거기에 이르자 장면이 변했다. 어쩌면 변한 게 아니라, 더 생생하게 시야에 들어왔다고 말하는 편이 정확할지 모른다. 두 눈으로 보면서도… 확신이 서지 않았다. 지금 내가 현실의 영역에 있는 것일까? 아니면 환상일까?

어느 쪽이든 상관없이 그 장면이 주는 충격은 즉각적이었다. 말할 수 없는 두려움에 사로잡혀 나는 꼼짝을 할 수가 없었다. 십자가 처형이 얼마나 가혹한 형벌인지를 이야기하는 설교는 이미 여러 차례 들은 적이 있었다. 피투성이가 된 예수님의 몸 상태도 끔찍했지만, 그것이 가장 두려운 일은 아니었다. 예수님을 둘러싼 주변 환경은 이루 말할 수 없이 무서웠다. 마치 세상의 모든 악이 예수님을 괴롭히려 한데 모인 듯 극한의 어둠이 사방을 뒤덮었다. 더없이 추악하고 증오스럽고 사악한 존재들이 예수님의 머리 언저리를 떠돌며 조롱을 퍼붓고 환호성을 질러댔다. 얼마나 역겹고 두렵던지 그만 얼굴을 돌려버리고 말았다.

"똑바로 보시오!" 누군가 곁에서 속삭였다.

고개를 돌렸다. 나를 쳐다보고 있는 남자와 시선이 마주쳤다. 저 사람은 어떻게 날 볼 수 있는 거지? 예수님 말고는 지금 이 시점에 날 알아볼 수 있는 사람이 없었다. 나는 그 사람을 마주 보았다. 눈에 보이는 세계에 속하지 않은 존재 같다고 해야 할까… 어딘지 모르게 남다른 구석이 많아 보였다. 퍼뜩 짚이는 게 있었다. 인간이 아니었다. 그는 천사였다.

"외면하지 말고 보시오!" 그가 되풀이했다.

위에서 쏟아지는 빛줄기가 단박에 내 눈길을 사로잡았다. 십자가 쪽을 돌아보았다. 하늘과 맞닿은 강렬하고 순전한 빛기둥 속으로 또 다른 천사가 천천히 내려오고 있었다. 한 손에는 양피지 몇 쪽을 들었고, 다른 한 손에는 망치와 못을 쥐고 있었다. 악령들은 그 광경을 보며 울부짖었지만 천사가 가까이 다가서자 삽시간에 달아나버렸다. 천사는 천천히 십자가 주위를 한 바퀴 돌고 나서 그 꼭대기에 내려섰다. 그러고 나서 단 한 차례 망치질로 양피지를 예수님 머리 위편 십자가에 단단히 박았다.

"저게 뭐죠?" 내 곁에 선 천사에게 물었다.

"빚을 탕감한다는 확인서요. 그대의 죄를 두고 하나님이 내리신 의로운 판결문이지."

또 다른 천사는 하늘로 되돌아갔다. 나는 다시 십자가를 쳐다보았다. 새로운 눈이 생기기라도 한 듯, 도저히 마음에 담아둘 수 없을 만큼 놀라운 모습이 보였다.

　나는 예수님을 보고 있었는데, 그분의 몸이 아니라 영을 살피고 있었다. 거룩함과 순전함, 사랑의 정수가 보였다. 얼마나 환하고 압도적인 빛이던지 하마터면 고개를 돌릴 뻔했다. 요한은 복음서를 기록하면서 "그에게서 생명을 얻었으니, 그 생명은 사람의 빛이었다"(요 1:4, 새번역)고 했다. 그런데 찬란한 영광 속에서 그 빛을 본 것이다. 감히 품기 어려울 만큼 더없이 큰 빛이었다. 계시록의 말씀이 생각났다. "얼굴은 해가 강렬하게 비치는 것과 같았습니다"(계 1:16). 내 머리는 얼른 돌아서라고 외쳐댔다. 내 눈으로는 도저히 그 환상을 견뎌낼 수 없을 것만 같았다. 하지만 난 얼어붙은 듯 꿈쩍도 하지 않았다.

　이윽고 상황이 달라졌다. 빛이 흐려지더니 완전히 스러져버렸다. 다른 무언가가 그 자리를 대신했다. 눈에 보이지 않는 무거운 기운이 산 위에서 내려왔다. 처음엔 의식하지 못했다. 하지만 차츰 엄청난 중압감이 찍어 누르듯 덮쳐오는 걸 느낄 수 있었다. 어디로부터 비롯되는지, 그 실체가 무엇인지 도무지 알 수 없었다. 아는 게 있다면, 어서 달아나라고 온몸이 아우성치고 있다는 사실뿐이었다. 마침내 십자가 위편에서부터 그 실상이 드러나기 시작했다. 악의 힘이었다. 한없이 진저리나고 공허하고 강력해서 나도 모르게 "으악!" 하고 소리를 지르고 말았다.

예수님 위로 악한 기운이 떠돌아다니다 완전히 감싸는 모습을 나는 두려움에 사로잡힌 채 지켜보았다. 거대한 교환이 일어나고 있었다. 예수님의 영이 보였던 그 자리에 이제는 끔찍하고 기괴한 악만 보였다. 주님이 세상의 악 속에 잠겨가고 있었다. 겪어보지 않아도 비할 바 없이 끔찍한 일이라는 걸 마음으로 알 수 있었다. 그 무시무시한 일이 내게 일어날 수도 있었다.

나는 다시 고개를 돌렸다. 신체적인 고통을 지켜보는 것도 못할 노릇이지만 영적인 영역에서 벌어지는 일도 견디기 어려웠다.

"보시오!" 내 곁의 천사가 거듭 다그쳤다.

눈을 들었다. 혼란스러웠다. 십자가에 달린 예수님은 혼자가 아니었다. 또 다른 누군가가 나타나 함께 십자가에 달려 있었다. 처음엔 허깨비인 줄 알았다. 하지만 시간이 갈수록 점점 더 확실해졌다. 실체가 드러나면서 그 사람이 지닌 막막한 어둠이 눈에 들어왔다. 계속 눈길을 주기조차 어려울 만큼 소름끼치는 공허였다. 정말 중요한 무언가가 빠져 있었다. 스스로를 이루 말할 수 없을 만큼 비참하게 만드는 결핍이었다. 그에겐 자기 말고는 아무것도 없어 보였다. 이기심이 그 존재의 특성이었다.

예수님과 함께 달린 사람의 실체가 또렷해질수록 차츰 예수님과 겹쳐 보였다. 어느 쪽도 나머지 한쪽을 가리지 않으면서 둘 다 십자가에 달려 있었다. 드디어 낯선 존재의 얼굴 생김새가 분명하게 잡혔다. 그런데 보면 볼수록 놀라워서 입이 다물어지지 않았다.

예수님과 함께 십자가에 달린 건 바로 나였다.

갑자기 십자가에서 예수님이 부르짖었다. "나의 하나님, 나의 하나님, 어찌하여 나를 버리셨습니까?" 악령들이 환희에 겨워 비명을 질러대거나 광포한 분노를 쏟아냈다. 예수님의 목소리가 들렸다. "아버지, 내 영혼을 아버지 손에 맡깁니다!" 예수님은 그렇게 큰 소리로 외치고는 숨을 거뒀다.

그 순간, 예수님을 향한 사랑 그리고 그분이 날 위해 견디셔야 했던 아픔 때문에 심장이 터져버릴 것만 같았다. 자연스레 십자가에 달린 또 다른 존재, 다시 말해 나에게 관심이 쏠렸다. 예수님과 마찬가지로 십자가의 나도 숨을 거둔 채 달려 있었다.

나는 넋을 놓고 서서 곁에 있는 천사를 돌아보았다. 그는 나만큼이나 넋이 나간 것 같았다.

"방금 무슨 일이 일어난 거죠?" 내가 물었다.

"하나님의 아들… 하나님의 아들… 그분이… 돌아가신 거요."

나는 십자가를 되돌아보았다. "그럼 거기에 보였던 다른 인물… 그러니까 저는요?"

천사는 예수님에게서 눈을 떼지 않았다. 한동안 대답도 없었다. 마침내 그가 쉰 소리로 말했다. "거기서 그대를 함께 데려가셨소."

아무리 곱씹어도 납득이 가지 않았다. "하지만, 이봐요." 나지막한 목소리로 물었다. "난 여기 이렇게 멀쩡하게 서 있잖아요."

천사는 대꾸하지 않았다. 한참이나 지나서 나를 쳐다보지도 않고 몇 마디 덧붙였을 따름이다. "주님은 그대와 하나가 되었소. 낡은 그대, 하나님께 맞서는 그대의 옛 자아를 거둬가셨소." 그의 눈은 여전히 십자가를 바라보고 있었다. 경이감에 완전히 사로잡힌 눈빛이었다.

나도 십자가를 바라보았다. 생명이 떠난 예수님의 주검이 매달려 있었다. "이제 어떻게 되는 거죠?"

천사는 천천히 고개를 가로저었다. "나도 모르오."

15
그분 안에

수풀이 우거진 동산에 들어와 있었다. 양쪽에 바위벽이 들어서서 자연적인 경계선 구실을 했다. 한쪽 벽의 움푹 파인 자리가 동굴로 들어가는 자리였다. 나사로의 무덤 입구가 떠올랐다. 그때처럼 이번에도 입구를 가리는 커다란 바윗돌이 한쪽으로 치워져 있었다. 아직은 완전히 자리를 잡지 않은 듯했다.

그게 아니라면….

"엠마!"

기겁을 하며 몸을 돌려 뒤를 돌아보았다. 예수님이었다.

놀랍게도 그분은 살아 계셨다. 당장 달려가 끌어안고 싶었지만 워낙 내성적인 성격이라 차마 그러지 못했다. 예수님께 성큼 다가가 말씀드렸을 뿐이다. "이렇게 뵙게 되어서 너무 좋아요!"

"엠마, 나도 엠마를 다시 보게 되어 기뻐요."

예수님이 고갯짓을 하며 무덤 입구를 가리켰다. 허리를 숙이고 안으로 들어갔다. 기껏해야 150센티미터나 될까? 동굴은 천장이 낮았다. 가장 깊숙한 곳에 벤치, 정확히 말하자면 널판이 보였다. 하얀 옷가지들이 둘둘 말려 한쪽에 놓여 있었다. 의심의 여지가 없었다. 마음속으로 짐작하고 있던 바로 그곳이었다.

"여기가 예수님의 무덤이군요."

"그래요."

'그럼, 사람들이 저 널판에다 예수님의 몸을 눕혔겠구나.' 속으로 가늠해보았다.

"금요일 저녁부터 주일 아침까지, 여기 계시는 동안 어떤 일들이 있었죠?"

"반드시 있어야 할 일들이 있었지요."

마음속의 또 다른 내가 더 이상 시시콜콜 캐묻지 말라고 주의를 주었다. 예수님은 널판으로 가시더니 한쪽 끝에 앉았다. 나도 반대편에 자리를 잡았다.

"예수님이 부활하셨을 때 제가 여기 함께 있었으면 얼마나 좋았을까요?"

예수님은 따듯하게 미소를 지었다. "여기 있었어요, 엠마."

나는 물끄러미 예수님을 마주 보았다. 무슨 말인지 알아들을 수가 없었다.

"십자가에서 봤던 장면들을 잊지 않았겠죠?"

아까 본 환상들을 되짚었다. 예수님과 난 십자가에서 하나가 되었다. 거기서 그분과 함께 죽었다. 내가 예수님과 함께 죽고, 그분과 나란히 묻혔다가, 그분과 더불어 다시 살아난다는 성경말씀도 떠올랐다.

"예수님과 함께 죽고 부활한다는 것이 단순히 비유가 아니었군요. 그렇죠?"

예수님은 고개를 끄덕였다. "지난번에 자신은 죄인일 뿐이라고 했던 엠마의 말이 왜 틀렸는지 이제 알겠죠? 엠마, 당신은 절대 죄인이 아니에요. 이건 엄연한 사실이에요."

십자가 사건을 두 눈으로 똑똑히 보기 전까지는 그 선언

이 아무 상관이 없는 얘기처럼 들렸다. 하지만 이제 십자가에서 벌어진 일을 지켜보고 이렇게 무덤에 앉아 있노라니 모든 것이 분명해졌다.

"죄에 물든 저의 옛사람이 예수님과 함께 십자가에 못 박혀 죽었기 때문이군요." 그리스도와 하나가 된 나의 옛 자아, 죄에 물든 내 모습이 얼마나 끔찍했는지 생생하게 기억났다.

"맞아요."

"그리고 여기 새로워진 제가 주님과 함께 부활한 것이고요." 내가 무덤의 돌벽을 둘러보며 말했다.

이제야 제대로 알아듣는 날 지켜보는 예수님의 얼굴 가득 반가운 표정이 비쳤다. "엠마, 하나님은 죄에 물든 자녀를 낳지 않으셔요. 새로운 엠마, 그러니까 지금의 엠마라는 인격체는 깊고 깊은 내면에 내 성품을 지니고 지어졌어요. 그리고 일전에 말한 것처럼, 난 그런 엠마의 속사람과 영원히 하나가 되었지요."

놀라서 뒤로 자빠질 뻔했다. 그리스도 안에서 정말 새로운 피조물이 되다니! 하나님은 심장이 아니라 사실상 마음을 이식하신 셈이다. 예전의 나는 사라졌다. 이젠 속속들이 새로워진 나만 남았다.

하지만 이내 생각이 복잡해졌다. "제가 그처럼 새로운 피조물이라면, 어째서 여전히 죄를 짓고 있는 거죠?"

예수님은 다정한 미소를 지었다. "흠, 참 논리적인 질문이로군요."

그리고 나서 예수님은 무덤 입구 쪽을 몸짓으로 가리켜 보였다. "나가서 걷는 게 어때요, 괜찮죠? 여긴 좀 답답해서 말이에요."

예수님은 널판에서 일어났다. 예수님의 뒤를 따르던 나는 무덤 천장에 머리를 부딪치고 말았다. "아얏!"

"조심해야죠."

예수님은 앞장서서 무덤을 나섰다. 우리는 동산을 지나 흙길로 들어섰다. 뒤편으로 예루살렘 성벽이 멀어지고 있었다. 도시 뒤편 산 너머에서 아침 해가 빛살을 쏘아올리고 있었다.

이른 아침이었다.

"오늘이 무슨 요일이죠?" 내가 예수님께 물었다.

"일요일이에요."

"일요일이면… 주님이…."

예수님은 껄껄 웃었다. "아니, 그다음 일요일이에요. 지난 일요일은 몹시 바빴거든요."

사실이었다.

우리는 굽이를 끼고 산모퉁이를 돌았다. 곧바로 익숙한 풍경이 나타났다. 십자가는 진즉에 치워졌지만 그곳에 얽힌 기억만큼은 내 뇌리에 선명하게 남아 있었다. 골고다였다. 일주일 전, 예수님은 여기서 십자가에 못 박혔다. 황량한 곳이었다. 우리는 언덕 밑자락까지 걸었다. 그리고 동시에 걸음을 멈췄다. 침묵이 흘렀다. 무슨 말을 해야 좋을지 알 수 없었다.

"여기서 예수님이 감당해주신 온갖 일들에 감사드립니다." 마침내 내가 운을 뗐다.

예수님은 차분하게 대답했다. "천만에요." 언덕 밑자락을 천천히 걸으며 꼭대기 쪽을 다시 올려다보았다. 예수님은 몸을 돌이키며 말했다. "엠마에게 다시는 죄의 저주가 있지 않은 까닭을 이제 완전히 이해하겠어요?"

나는 십자가에서 목격한 장면을 머릿속에서 끄집어냈다. "예수님은 제 죄를 위해 돌아가셨어요. 마땅히 제가 받아야 할 형벌을 걷어가신 거죠."

예수님은 고개를 끄덕였다. "그건 내가 다 짊어졌어요. 엠마에겐 받아야 할 징벌이 하나도 남지 않은 셈이죠. 내 아버지는 엠마의 죄를 판단해 거기에 맞게 대우하시지 않아요. 죄 문제가 완전히 처리되었다는 뜻이에요."

예수님은 느릿느릿 언덕을 올랐다. 나도 그 뒤를 따랐다. "저기선 그 일만 있었던 게 아니에요."

머릿속에 떠오르는 이미지가 있었다. "저에 대한 판결문 이야기군요. 다른 천사가 십자가 꼭대기에 무언가를 두들겨 박는 걸 보면서 천사가 그랬어요. 제 죄에 대한 판결문, 하나님께 진 빚이 어떻게 처리되었는지 알려주는 확인서라고요."

어느새 꼭대기였다. 십자가가 섰던 자리엔 깊은 구덩이만 남아 있었다.

"맞아요." 예수님이 말했다. "하나님의 의로운 판결이 십자가에서 내려졌죠. 그걸로 엠마에 대한 심판은 끝난 거예요. 더 이상의 고발도 없을 거예요. 갚아야 할 빚도 없고. 영원히 해방된 거죠."

예수님은 돌아서서 예루살렘 쪽으로 굽어진 계곡을 바라보며 말했다. "여기서 한 가지 역사가 더 일어났어요. 옛사람, 엠마의 낡은 영적인 존재가 하나님에 대해 죽음을 맞은 거지요. 죄인이자 반역자, 하나님의 원수가 여기서 처형을 당한 거예요. 내가 그랬던 것처럼 말이에요."

단번에 모든 것이 명쾌해졌다. "그럼 심판을 받을 대상이 없어진 거로군요. 이미 처형을 당했으니까요."

예수님 얼굴에 다시 미소가 피어올랐다.

그러고 나서 예수님은 멀지 않은 또 다른 언덕으로 이어지는 산마루를 내려다보며 말했다. "저리 건너가지요." 우리는 산등성이를 타고 걸었다. 잠시 후, 우리는 나란히 붙은 언덕 꼭대기에 자리를 잡고 앉았다. 저만치 예루살렘으로 통하는 길이 보였다. 수많은 인파가 길을 가득 채우고 성안으로 가고 있었다.

"아직 제 질문에 답을 주지 않으셨어요." 내가 불쑥 물었다. "제가 새로운 피조물이라면, 어째서 저는 계속 죄를 짓는 거죠?"

"그거야 간단하지요." 예수님이 대꾸했다. "엠마의 속사람은 이제 성령으로 거듭났어요. 하지만 아직 해방되지 못한 몸을 입고 있지요. 신체적인 두뇌를 가지고 있기도 하고. 언젠가 엠마도 새 몸을 갖게 될 거예요. 엠마가 이미 갖춘 참다운 됨됨이가 온 우주에 명확히 드러나게 되는 거지요. 엠마는 존재의 가장 깊은 곳에서는 진즉부터 나와 나란히 한자리에 있어요. 엠마는 하늘 아버지를 사랑해요. 그분의 뜻대로 행하길 원하고. 주님을 영화롭게 하고 싶어 하죠. 하지만 유한한 몸뚱이 안에 어떤 힘이 남아서 엠마를 끌어내리는 거예요. 언젠가는 그 힘도 사라지게 마련이지만, 당장은 그 중간에 끼인 시절을 살아낼 수밖에 없는 거죠."

"그 '긴 시대'를 어떻게 살아야 할까요? 저는 날이면 날마다 실패를 거듭하는데요. 어떻게 해야…."

예수님은 검지를 흔들어 말을 막았다. "엠마는 잘못된 질문을 던지고 있어요. 문제는 '**어떻게**'가 아니에요. '**누가**'가 핵심인 거지요. 아직 기억하고 있어요? 답은 늘 무어라고 했죠?"

"하나님이라는 존재 그 자체요."

"맞아요. 엠마 힘으로는 그 딜레마에서 빠져나올 수가 없어요. 오로지 나만 거기서 건져낼 수 있지요. 내가 엠마 안에 사는 이유가 거기에 있어요. 엠마를 통해 내 삶을 사는 거지요. 난 엠마에게 더 열심히 노력해서 스스로를 구원하라고 요구하지 않아요. 도리어 정반대예요. 그만 애쓰라고

타이르지요. 그 대신 내 안에 머무르기 시작하라는 이야기예요."

지난번에 예수님이 제자들에게 머무름에 대해 가르치실 때 배운 것이 있었다. 나로서는 내면적으로 그리스도와 같은 부류의 삶을 살 수 없다. 그럴 수 있는 건 오직 그분뿐이다. 하지만….

"머무른다는 것이 무슨 말씀인지 잘 모르겠어요."

예수님은 뚝 멈춰 섰다. "자, 예루살렘으로 돌아가는 것이 좋겠어요."

언덕을 거슬러 내려가 성안으로 들어가는 길에 접어들었다. 거리에서 숱한 이들을 지나쳤다. 늘 그렇듯, 날 알아보는 이는 없었다. 하지만 사람들을 만나면 만날수록 분명하게 깨달아지는 사실이 있었다. 거리를 오가는 사람들은 눈으로 보면서도 예수님을 전혀 알아볼 줄 몰랐다. 그저 이름 모를 아무개가 지나가나보다 생각하는 듯했다. 예수님이 부활한 뒤에 엠마오로 가는 길에서 만난 두 제자도 마찬가지였다. 두 사람 다 예수님을 알아보지 못했다.

"머문다는 건 복잡한 일이 아니에요." 예수님이 말했다. "오히려 아주 간단하죠. 저기 저 포도원에 있는 것과 비슷해요." 예수님은 왼쪽을 손가락질했다.

"이 얘기를 하자고 저 포도원으로 돌아가야 하는 건 아니에요." 예수님은 큰 소리로 웃었다. "엠마가 꼭 가야겠다면 모를까…. 아무튼, 저기 있는 가지들은 포도나무에 붙어 있으려고 안간힘을 쓸 필요가 없어요. 그렇지 않아요?"

"정말 그렇네요."

"그렇죠. 가지는 이미 포도나무 안에 있고, 포도나무는 그 가지 안에 있어요. 가지는 이미 있는 그 자리에 남아 있기만 하면 되는 거죠. 머문다는 건 그와 비슷해요. 엠마는 숨을 쉬기 위해 얼마나 큰 노력을 쏟아붓고 있지요?"

"별로요. 아무 생각 없이 그냥 들이마셨다가 내뱉는 거죠, 뭐."

"그렇죠? 그냥 숨을 쉴 따름이죠? 머무는 것도 그렇게 단순해요. 하나님의 자녀들에게는 세상에서 가장 자연스러운 일이에요."

"그런데 제겐 왜 그렇게 힘들어 보이죠?"

"일반적으로는 전혀 어렵지 않아요. 하지만 거기엔 훈련이 필요해요. 물론 제힘으로 어찌해보려는 식의 훈련은 아니에요. 여기서 말하는 건 지속적으로 선택하는 훈련이에요."

"훈련이라면 당연히 자기 힘으로 변화를 추구해야 하는 거 아니던가요?"

"스스로 노력하는 방식으로는 열매를 맺지 못하는 법이에요. 호수에서 바람에 맞서 열심히 노를 젓던 제자들을 기억하지요? 나를 떠나서는 아무것도 할 수 없어요."

"그럼 지속적으로 선택한다는 건 무슨 말씀인가요?"

"사랑하는 마음을 품고 끊임없이 하나님께 주의를 기울인단 얘기예요. 달리 말하자면, 나를 집으로 삼고 거기에 사는 거죠. 가지가 포도나무를 집으로 삼고 거기에 붙어 있는 것만큼 자연스러운 일이 세상에 또 어디 있겠어요?"

예수님은 걸음을 멈추고 길가에 떨어진 작대기 하나를 주워들었다. 그걸 가지고 맨땅에다 집 하나를 쓱쓱 그렸다. "엠마가 여기 산다고 치죠. 말하자면 여긴 엠마의 집이에요. 그 안에 머무는 건 그다지 큰 힘이 드는 일이 아니에요. 엠마는 이미 그 안에 있으니까. 그런데 엠마의 집은 내 안이에요. 엠마는 그냥 거기 머물기만 하면 돼요. 사랑하는 마음으로 나를 늘 바라보면 얼마든지 그럴 수 있어요.

살아가는 데 필요한 건 다 집 안에 있게 마련이에요. 그렇지 않아요? 음식이나 옷, 그 밖에 뭐든지 말이에요. 나도 마찬가지예요. 삶에 소용되는 것들은 전부 다 내 안에 있어요. 내가 곧 생명이니까. 물리적인 집과 다른 게 있다면 내 생명은 다시 보충할 필요가 없다는 점뿐이지요. 내 생명은 늘 충분하니까요. 언제나 풍성하고. 항상 흘러넘쳐요.

내 안에 있는 엠마의 집에서 엠마는 필요한 것들을 다 누릴 수 있어요. 힘이면 힘, 용서면 용서, 없는 게 없어요. 두말할 것도 없이 이것은 엠마에게서 나오는 게 아니에요. 모두 내 것인데 내가 엠마 안에 살고 있으니 엠마가 그걸 누릴 따름이죠. 자기를 버리고 생명을 내게 맡긴다면 그리고 내가 엠마와 다른 사람들을 위해 삶의 온갖 형편들을 사랑으로, 또 주권적으로 조절한다는 사실을 믿고 의지한다면 그다음엔 뭐가 찾아올 것 같아요?"

"뭐가 오는데요?" 내가 판박이처럼 되물었다.

"평안이죠. 여태 단 한 번도 맛본 적이 없는 평안. 그리고 기쁨과 사랑도 찾아와요. 사랑받고 있음을 알기에 또 사랑을 베풀 줄도 알게 되는 거예요. 인간이 된다고나 할까? 하지만 사랑을 품고 하나님께 주의를 기울인다는 게 어떤 모습일지 생각해봐요."

무슨 뜻인지 잠깐 생각을 가다듬어보았다. "제 생각에

는… '하나님, 여기서 무얼 하길 원하십니까?'라고 묻는 게 아닐까 싶은데요."

"바로 그거예요! 엠마가 주도해온 모든 상황과 형편, 갖 가지 반응을 아버지 손에 돌려드린다는 얘기예요. 내게 맡 긴다는 뜻이기도 하고. '예수님, 전 홀로 버려진 느낌입니 다. 하지만 주님은 내 안에 계셔서 사랑할 힘을 주십니다. 주님이 저를 통해 사랑을 전하길 원하는 이가 혹시 여기에 있습니까? 전 그럴 능력이 없지만, 주님은 그 힘을 완벽하 게 공급해주십니다. 저를 통해 그 역사를 이루십니다'라고 고백하는 거예요. 그렇게 하면 엠마를 통해 사랑이 흘러가 는 걸 볼 수 있을 거예요."

예수님은 작대기를 내려놓고 다시 걷기 시작했다.

"가지 혼자서는 제아무리 용을 써도 열매를 맺을 수 없어 요." 예수님이 말을 이었다. "하늘이 두 쪽 나도 불가능하죠. 엠마도 마찬가지예요. 그러니까 이제 그만 발버둥 쳐요."

"하지만 어떻게 그래요? 크리스천다운 삶을 살려고 열심 히 노력하는 게 당연하잖아요? 아닌가요?"

"아니, 그렇지 않아요. 그리고 열심히 노력한다고 해서 그렇게 살 수 있는 것도 아니에요. 이건 노력이 아니라 기대고 의존하는 문제예요. 무슨 일을 하든, 내게 기대야 해요. 날 믿고 의지하면서 믿음으로 첫발을 내딛으면 내가 엠마의 힘이 된다는 걸 금방 알게 될 거예요. 난 엠마의 사랑이에요. 엠마의 헌신이기도 하고."

우리는 당나귀를 끌고 길을 가는 나그네를 지나쳤다. 잠시 입을 다물었다. 목소리가 들리지 않을 만큼 행인이 멀어지자 예수님이 다시 이야기를 시작했다. "자, 이제 내 안에 머무는 비법 몇 가지를 들려줄게요."

"흠, 이건 방법의 문제가 아니란 생각이 드는군요." 내가 냉큼 받아쳤다.

예수님은 무릎을 치며 웃었다. "그래, 맞아요! 정말 방법의 문제가 아니지요. 오로지 나만이 열매를 맺게 한다는 건 엄연한 사실이에요. 지금 이야기하려는 건 서로 협력하는 방법이에요. 우선, 이해하려 들지 마요. 도리어 성령님이 이끄시는 대로 무작정 따라가요."

"하지만 앞뒤를 분간하라고들 하지 않나요? 적어도 하나님의 뜻은 분별해야죠."

"그래요, 하나님의 뜻을 분별하는 게 중요하긴 하죠. 거기엔 두말이 필요 없어요. 다만, 이유가 무언지, 사태가 어떻게 돌아갈지, 말씀에 순종하면 엠마가 원하는 대로 일이 풀려갈지, 뭐 이런 걸 따지지 말라는 거예요. 성령님이 무슨 말씀을 하시거든 군말 없이 즉시 순종하세요. 순종하면 깨달음은 찾아오게 마련이거든요. 그 밖에 다른 길은 없다고 보면 돼요."

예수님이 방금 들려준 말을 차근차근 되새겨보았다. "누군가 하는 얘기에 앞뒤 가리지 않고 순종하려면 먼저 신뢰가 있어야 하지 않을까요?"

예수님은 고개를 끄덕였다. "어쩌면 그렇게 정답만 말하죠? 엠마가 날 완전히 의지하는 법을 배우면 정말 좋겠군요. 머문다는 말은 자신을 통째로 내게 맡긴다는 소리예요. '주님, 무엇이든 내 삶에서, 또는 내 삶을 통해 뜻하는 바를 이루시길 바랍니다. 나는 그냥 믿고 의지하겠습니다. 그러다 마음이 찢어질 것 같은 어려움을 겪는다 할지라도, 주님이 사랑하는 마음으로 이 모든 일이 벌어지게 하셔서 내게 유익이 되게 하시며 영원히 주님의 선한 뜻을 이루심을 믿습니다'라고 고백하는 걸 가리키죠."

한참을 조용히 걷기만 했다. 예수님 말씀에 담긴 속뜻을 헤아리는 데 온 신경을 쏟았다. 나로서는 여전히 가슴이 찢어지는 시련의 기간을 지나고 있었다. 그런 일을 주셔서 모든 게 어울려 유익하게 하시는 하나님의 선의와 주권을 기꺼이 신뢰하고 있는지 거듭 돌아보았다.

예수님이 다시 말했다. "그러니까 모든 일에 감사해야 해요. 모든 일에 하늘 아버지를 찬양해야 하고. 감사와 찬양은 같은 진리의 다른 측면이라고 할 수 있지요."

"하지만 전 모든 일이 다 감사하게 느껴지진 않는걸요?" 내가 곧장 반기를 들었다.

"내가 언제 감사하게 느끼라고 했나요? 난 그냥 감사하라고만 했어요. 하나님을 찬양하라는 거예요. 엠마에게 상처가 되는 일에 대해, 특히 어떻게 선을 이루게 될지 전혀 감이 잡히지 않을 때 하나님께 드리는 감사야말로 으뜸가는 믿음의 표현이에요. 엠마가 어떻게 느끼느냐와 상관없이 주께 감사를 드리면, 내 아버지와 그분의 사랑을 더 사무치게 깨닫게 될 거예요."

오른쪽으로 많이 본 듯한 동산 하나가 보였다. 무덤이 있던 그 동산은 분명 아니었다. 그렇다면 저건….

"겟세마네 동산인가 봐요?" 내가 예수님께 물었다.

"그렇군요."

예수님은 그쪽으로 길을 잡았다. 그리 멀지는 않았다. 얼마 지나지 않아 그분이 마지막 밤, 그 처절했던 밤을 보낸 수풀에 이르렀다.

"제자들에게 내 죽음을 가리켜 뭐라고 했었는지, 혹시 기억해요? '아버지의 잔'이라고 불렀어요. 아버지가 내게 마시라고 주신 잔으로 여기고 그렇게 이야기한 거죠. 나로서는 유다가, 또는 종교 지도자들이, 본디오 빌라도가, 로마 군인들이, 또는 욕설을 퍼붓던 군중이 내미는 잔이라고 볼 수도 있었어요."

주님은 부드럽게 고개를 저었다. "하지만 아니었지요. 그들은 그저 심부름꾼 역할을 맡은 인간들에 지나지 않았어요. 내 아버지가 그렇게 시키지 않았더라면 내겐 아무런 일도 일어나지 않았을 거예요. 그건 하나님이 내게 주신 잔이었어요. 그분 혼자서 말이에요. 고통은 이루 말할 수 없이 컸지만, 그 고난은 훨씬, 정말 훨씬 더 크고 위대한 결과를 낳았어요."

우리는 커다란 나무 밑에 멈춰 섰다. 예수님은 나를 향해 돌아서며 말했다. "내게 속한 사람들은 누구나 살면서 그런 어려움을 겪게 마련이에요. 하나님이 선한 뜻을 이루기 위해 사용하시는 고난 말이에요."

주님 말씀과 지난 몇 달 동안 내 삶 속에 일어난 일들을 견주어보았다. "그럼, 제이슨도 내게 주시는 하나님의 잔이 군요. 그렇죠?"

"그렇죠."

갑자기 울컥 눈물이 솟아 뺨 위로 흘러내렸다. 금세 걷잡을 수 없이 뚝뚝 떨어졌다. 눈물이 앞을 가려 주위의 나무들조차 보이지 않을 지경이었다. 선명하게 보이는 건 그저 아픔뿐이었다. 갑자기 두 팔이 나를 감싸고 단단히 안아주는 느낌이 났다. 나는 서서 울고 예수님은 서서 날 안고 있었다. 잠깐이었지만 영원 같은 시간이었다. 주님 품에 안겨 있는 사이에 고통이 스르르 녹아내리고 그 자리에 다른 감각이 스며들었다…. 깊이 사랑받고 있다는 느낌이었다. 아픔을 겪는 내내 사랑을 받아왔고, 지금도 받고 있으며, 앞으로 받게 되리라는 확신이 들었다.

한참을 그러고 있다가 예수님이 팔을 풀었다. 그러고 나서 내 눈에서 마지막 눈물을 닦아주었다. 그런데 바로 그 순간, 놀라운 장면 하나가 시야에 잡혔다. 예수님의 눈에도 눈물이 가득했던 것이다. 우린 서로 마주 보며 활짝 웃었다.

"하늘 아버지는 제이슨이라는 잔도 그분으로부터 왔다는 사실을 제가 깨닫길 바라시겠군요."

"맞아요."

예전에 예수님이 들려주신 이야기들을 떠올렸다. "그 일을 통해 내 삶에 풍성한 열매가 맺히길 기대하실 테고요."

이번에 예수님은 말없이 고개만 끄덕였다. "하지만 결실을 맺느냐, 그러지 못하느냐는 엠마에게 달렸어요. 제이슨이 그 잔을 주었다고 생각하는 쪽을 선택하면 그저 속이 쓰리고 그 감정은 갈수록 더하겠죠. 아니면 아버지의 선의, 그러니까 엠마에게 주는 선물로 볼 수도 있어요. 그걸 통해 엠마 안에 있는 내 사랑, 내 임재, 내 생명을 상상 이상으로 깊이 체험하는 거지요."

나는 동산을 둘러보았다. 예수님이 여기서 겪은 일은 십자가에서만큼이나 끔찍하고 무시무시했다. 하지만 고난에는 끝이 있었다.

"정말 언젠가는 고통이 사라지고 하나님이 주시는 기쁨이 가득한 새 아침이 밝겠죠?"

"그래, 그럴 거예요, 엠마."

나는 빽빽이 들어선 나무 사이로 예루살렘 쪽을 돌아보

왔다. "제게 주어진 시간은 여기까지군요. 그렇지 않은가 요?"

"그래요, 엠마 말대로예요."

초대장에서 식품 보관실 문까지, 여기 오게 된 과정을 머 릿속으로 더듬었다. 아주 오래전의 일인 것만 같았다. "더 이상 열린 문으로 들어가도 소용이 없겠죠? 적어도 이리 데려다주진 않을 테니까요."

"이젠 그럴 필요가 없어요, 엠마. 엠마는 영원히 열려 있 는 문을 마음에 갖게 되었으니까요."

예수님의 미소는 언제나 따듯했다. "엠마에겐 이미 스승 이 있어요. 그분이 꼭 알아야 할 일들을 남김없이 가르쳐줄 거예요. 그리고 난 반드시 살아야 할 삶을 엠마를 통해 살 아갈 거예요. 다름 아닌 내 삶을 말이에요. 벌써 잊지는 않 았겠죠? 엠마는 그저 내 안에 머물러 있기만 하면 돼요."

땅바닥을 물끄러미 내려다보다가 고개를 들고 예수님께 물었다. "그럼, 어떻게 돌아가면 되죠?"

"내가 알아서 보내줄게요. 하지만 우선 숙제를 하나 주려 고 해요. 첫 번째 수업이라고 해도 좋고."

"수업이라고요? 뭘 공부하는 수업이죠?"

"사랑하는 마음을 품고 늘 깨어 있기."

나는 예수님과 나란히 동산을 떠나 예루살렘을 향했다.

예수님은 주로 말하고 난 그저 귀 기울여 듣기만 했다.

에필로그

아파트는 떠날 때의 모습 그대로였다. 우편물 더미는 식탁 위에, 성경은 소파 옆 커피 테이블 위에, 아이스크림 샌드위치를 쌌던 포장지는 싱크대 위에 그대로 남아 있었다. 시계를 쳐다보았다. 6시 23분이었다. 떠날 때 시간이 6시 23분이었는데? 결국 단 1분도 자리를 비우지 않았던 셈이었다.

가서 초대장을 집어 들었다. 적힌 글귀는 여전했다.

가장 가까이에 열려 있는 문으로 들어가세요.
예수님과 함께하는 진짜 모험이 시작됩니다.

서명도 보이지 않았다. 하지만 초대하는 이의 서명이 있어야 할 자리에 똑같은 글씨체로 이런 글귀가 적혀 있었다.

나는 그대 안에, 그대는 내 안에. 영원토록.

절로 미소가 떠올랐다.

아파트를 휙 둘러보았다. 아직도 제이슨이 그리웠다. 예수님과 일대일로 얼굴을 맞대지 않는 상황에 익숙해지려면 시간이 좀 필요할 것 같았다.

"하지만 감사합니다, 아버지." 아직 큰 확신은 없지만 그렇게 말씀드렸다. "이게 제게 주신 잔임을 압니다. 지금 아버지는 주님을 신뢰하고 의지하며 주의를 기울이는 법을 제게 가르치고 계십니다."

그리고 예루살렘으로 돌아가는 길에 예수님이 가르쳐주신 수업 내용을 떠올렸다. 지금이야말로 앞뒤 가리지 않고 그 가르침에 따르기에 딱 맞는 기회였다.

머리를 숙이고 말씀드렸다. "아빠."

예수님은 이렇게 말했다. "그분을 하나님이라고 부르지 마요. 군말이 필요 없는 하나님이시긴 하지만 엠마에게는 그보다 훨씬 친밀한 분이에요. 그분은 엠마의 아버지예요. 하지만 그것으로도 모자랄 만큼 더 가까운 분이시죠. 사실, 그분은 엠마의 아빠*이거든요. 어린아이들이 아버지를 부르는 그대로 말이에요. 아버지는 성령님을 엠마 마음으로 보내셨어요. 그런데 그분이 엠마 안에서 뭐라고 부르짖는지 생각해봤어요? 바로 '아빠!'예요, '아빠!'"

고개를 숙이고 말씀드렸다. "아빠, 이 잔을 제게 주셔서 고맙습니다. 정말 큰 상처를 받았지만, 이 일을 통해서 사랑이 가득한 주님의 영원한 뜻을 이루어가시리라 믿는 쪽을 선택하려고 합니다."

---

* 아람어 'Abba'를 우리말로 옮긴 것으로, 절대적인 신뢰를 담아 하나님을 부르는 말이다(막 14:36; 롬 8:15; 갈 4:6 참조)-편집자.

잠깐 숨을 멈추고 기다렸다가 이 현실을 어떻게 느끼고 있는지 짧게 말씀드렸다. 하나님이 내 모든 환경을 잘 버무려 선을 이루고 계심을 믿는다고 고백했다. 그러다 보니 예수님의 말씀이 기억났다. "엠마, 당신이 느끼는 느낌은 잊어버려요. 감정은 왔다가 곧 사라지는 거니까. 좋을 땐 좋고, 나쁠 때는 나쁜 게 감정이에요. 느끼지 말고 신뢰해봐요. 반드시 믿고 의지하는 쪽을 택해야 해요."

다시 한 번 고개를 숙였다. "예수님, 제 힘으로는 어쩔 수가 없습니다. 하지만 주님은 저를 새로운 피조물로 만드셨습니다. 저를 용서하는 존재로 새로 빚으셨습니다. 그리고 예수님은 이제 제 안에 머무는 생명입니다. 그래서 제이슨을 용서하는 쪽을 선택합니다. 즐겁지는 않지만 그렇게 하렵니다. 저는 주님과 함께 십자가에 못 박혔으므로 이제 더이상 제가 사는 게 아니라 주님이 제 안에 사십니다. 그러니 용서를 베푸는 것도 제가 아닙니다. 내 안에 계신 예수님이 용서하십니다. 주님의 용서하심으로 저도 제이슨을 용서합니다. 예수님은 저를 사랑하시고 저를 위해 자신을 내어주셨습니다."

고개를 들었다. 느낌은⋯ 없었다. 용서한다는 감정의 파장 따위는 감지할 수 없었다. 제이슨과 관계가 끊어진 데서 비롯된 고통이 마술처럼 스러지는 기분도 들지 않았다. 달라진 게 전혀 없는 듯했다. 난 그저 예수님이 시키신 대로 했고 그게 전부였다.

옆 탁자에 올려놓았던 전화기에서 삐 소리가 났다. 예전에 다니던 교회 친구한테서 문자가 와 있었다.

안녕, 친구! 성경을 읽다가 너랑 나한테 꼭 들어맞는 구절이 있어서 보내. 부디 잘 지내길. 요한복음 14장 21절. "내 계명을 받아서 지키는 사람은 나를 사랑하는 사람이요, 나를 사랑하는 사람은 내 아버지의 사랑을 받을 것이다. 그리고 나도 그 사람을 사랑하여, 그에게 나를 드러낼 것이다."

그제야 알 것 같았다. 이제 예수님과 함께하는 진짜 모험이 시작된 것이다.

견고한 메시지를
쉬운 말로 풀어내는 고집

단 한 푼어치도 쓸데없는 집착이었다. 오자를 용납할 수 없었다. 돼지꼬리를 붙여 날리거나 한 줄 쩍 긋고 그 위에 수정된 문구를 집어넣으면 그만이련만, 어떻게든 원고를 '시각적으로' 깨끗하게 만들고 싶었다. 원고지에 펜으로 글을 쓰던 시절이어서 단 한 글자라도 틀리게 적으면 새 종이를 가져다가 처음부터 새로 적었다. 시간이 곱빼기로 들 수밖에 없었다. 긴 기사는 원고지 120매를 훌쩍 넘기곤 했으므로 밤샘은 다반사였다. 침침한 등불 밑에서 밤을 하얗게 밝히며 수북한 파지를 생산하는 꼴만 봐선 대문호가 따로 없었다. 실상은? 하도 구차해서 입 밖에 내기도 싫다. 아무도 알아주지 않고 한 점 소용도 없는, 그저 발광이었다.

컴퓨터를 쓰기 시작하고 번역을 주업으로 삼으면서 그 광태는 사라졌지만 새로운 습속이 대신 자리 잡았다. 웬만하면 숨은 우리말을 찾아 쓰고 싶었다. '핵심' 대신 '고갱이'를 쓰고 '구조' 대신 '뼈대'를 썼다. 더러는 "사전을 찾아가며 읽는 재미가 있다"고 했지만 원서도 아니고 역서를 읽는 데 사전이 필요했다면 번역이 엉망이란 소리나 매한가지다. 동어반복도 두고 보지 못했다. 원작자는 'easy'라는 단어를 여러 번 되풀이해도 풀이만큼은 다채롭게 하고 싶었다. '편한'이라고 했다가 '수월한'이라고 했다가 '느긋한'이라고 했다가… 작자의 글을 원문에 가깝게 정확히 전달하는 게 제 본분이라는 점을 감안하면 이 또한 말짱 헛짓이다. 알면서도 그 짓을 되풀이하고 있는 건 전문용어로 '똥고집'이고. 그런데.

《예수와 함께한 복음서 여행》을 풀어 옮기는 내내 지은이에게서도 비슷한 기질을 보았다(제 눈에 안경이라고 해도 할 수 없다). 데이비드 그레고리는 복음의 실상과 크리스천의 삶이라는 주제에 매달린다. 여기까진 남다르달 게 없다. 이런 이야기를 쏟아내는 학자와 작가는 사방 천지에 널렸다.

지은이의 특별함은 '쉽게'를 포기하지 않는다는 데 있다. 어떻게든 독자들에게 다가가기 쉬운 구조를 만들어낸다. 《예수와 함께한 저녁식사》에서는 일상에 지친 직장인에게 도착한 나사렛 예수의 만찬 초대장이 실마리라면 그 속편에서는 기름이 바닥난 차를 몰다 도로에서 만난 그리스도가 이야기의 빌미다. 그리고 이번 책,《예수와 함께한 복음서 여행》에서는 실연의 아픔에 허덕이다 얼결에 불려간 2천 년 전 팔레스타인이 무대다. 책장을 열기가 무섭게 예수님을 앞세워 갈릴리 호수로, 수가성의 우물가로, 나사로의 집으로, 예루살렘의 다락방으로, 겟세마네 동산으로 독자들을 끌고 다닌다.

'쉽게'를 향한 지은이의 집착은 용어와 표현에서도 여실하다. 신론, 기독론, 성령론으로 이어지는 조직신학 교과서의 말본새로 윽박지르는 대신, 함께 먹고 자는(그리고 죄송하지만 싸기도 했을) 친밀한 동반자 예수의 말투를 동원한다.

내용의 충실함은 두말이 필요 없다. 쟁반만 한 접시에 밤

톨만 한 고깃덩이를 얹어놓고 온갖 야채와 소스로 분위기만 그럴싸하게 꾸며놓은 호텔 식당 스테이크와는 질이 다르다. 복음이란 무엇인가, 무엇이 인생을 변화시키는가, 크리스천은 무얼 위해 무슨 에너지로 사는가 따위의 묵직한 주제를 골고루 다룬다. 요즘 말깨나 한다는 강사들이 흔히 그러하듯, 예수님의 입을 빌려 제 하고 싶은 얘기를 늘어놓지도 않는다. 자신의 의견을 최대한 절제하고 십중팔구는 성경, 특히 요한복음에 기록된 예수님의 말씀을 그대로 가져다 쓴다.

여태 나온 네 권의 책에서도 한결같았지만 이 책《예수와 함께한 복음서 여행》에서도 주인공의 입을 빌려 크리스천이 쉬 마주하는 딜레마들을 드러내고 예수님의 말씀으로 끌어다 해법을 제시한다. 주인공의 짧은 질문과 주님의 적확한 답변으로, 맺힌 매듭들을 하나하나 풀어간다. 거저 구원을 받았으니 무어라도 해서 그 은혜에 보답해야 할 것만 같은 압박감, 또는 책임감을 가진 크리스천들에게 그냥 하나님과 엉겨 지내며 '아버님'이 아닌 '아빠'를 실감하는 게 더 중요하다고 강조하는 대목이 대표적이다.

반면에 그 문답의 배경이 되는 장면들을 창의적으로 조

직하고 치밀하게 묘사해 성경에서 가져온 말씀이 제시된 상황과 한 치의 어그러짐도 없이 제자리에 딱딱 맞아떨어진다. 상상력이 풍부하면 메시지를 왜곡하기 쉽고, 메시지에 충실하면 자기검열의 덫에 걸려 진부해지기 십상이지만 지은이는 상상과 진실 사이를 요령 있게 넘나든다. 덕분에 책을 읽는 이들로서는 마음 한구석에 간직한 난제와 풀리지 않는 삶의 이슈들에 대한 성경 저자의 직강을 들을 수 있다.

한마디로 좁혀 말하자면, 데이비드 그레고리는 독특한 발상과 재미를 무기로 진중한 메시지에 편안하게 다가가도록 이끈다. 수없이 제 글을 다듬으며 독자의 눈높이에 맞춰 미세 조정을 거듭해보지 않고는 가질 수 없는 내공이다.

스스로 설정한 기준에 집착하는 건 그쪽이나 이편이 다르지 않건만 결과는 어쩌면 이렇게 판이한지. 지은이의 집착은 크리스천의 생활 원리를 정리한 근사한 책 한 권을 낳은 반면, 역자의 집착은 마감을 몇 차례나 미루는 추태를 낳고 말았다. 진즉에 끝났어야 할 번역자의 수명이 이토록 오래 늘어질 수 있는 건 그저 출판사 식구들의 하해와 같은 아량 덕이다. 따로 인사할 염치가 없으니 고마운 뜻을 여기다 슬쩍 끼워 넣는다.

1

- 엠마는 자신이 하나님과의 관계에 어떤 문제들이 있다고 설명 하는가? 당신의 경우는 어떠한가?

- 어느 정도까지 이런 문제들에서 벗어날 수 있다고 생각하는가? 과거에는 어떠했고 지금은 또 어떠한지 설명해보라.

- 예수님과 더불어 흥미진진한 진짜 모험을 하면서 살아가기 위 해서는 무엇이 필요하다고 보는가?

2

- 갈릴리 호수에 뚝 떨어진 엠마의 입장이라면, 어떤 생각 또는 어떤 느낌이 들 것 같은가? 하나님이 우리를 마치 죽을 것만 같은 상황에 몰아넣으신다고 생각하는가? 왜 그런가? 아니라 면 어째서인가?

- 개인적인 상황에 비추어볼 때, "엠마, 의도가 있기 때문에 풍랑 을 일으킨 거예요. 그런데 그 목적을 다 이루기도 전에 바람과

물결을 거두어야 할 까닭이 어디 있겠어요?"라는 예수님의 말은 어떤 의미로 다가오는가? 삶 속에서 그런 풍랑과 마주한 적이 있는가? 풍랑을 통해 하나님이 이루시려고 하는 뜻은 무엇인가?

• 1세기든 21세기든 엠마의 주변 환경은 완전히 상반되는 주장을 소리 높여 부르짖는데도 예수님은 엠마에게 믿고 의지하기를 요구하신다. 그 까닭은 무엇이라고 생각하는가? 주님으로부터 이런 요구를 받아본 적이 있는가? 어떤 일이었는지 설명해 보라.

3

• 예수님이 엠마에게 우물가의 여인과 똑같다고 말씀하신 까닭은 무엇이라고 보는가?

• 예수님이 주겠다고 말씀하신 생수의 실체가 무엇인지 자신의 말로 옮겨보라. 그 물을 마시려면 어떻게 해야 하는가?

• 영으로 예수님과 하나가 된다는 것은 무슨 뜻인가? 그렇게 되려면 무슨 노력을 기울여야 하는가?(고린도전서 6장 17절을 보라) 주님과 하나가 된다는 것은 개인적으로 어떤 의미가 있는가?

• "내게 음식은 나를 보내신 이의 뜻을 행하는 것"이라고 하셨던

예수님의 말씀은 무슨 뜻인가? 이 말씀은 우리의 삶과 어떤 관계가 있는가?

4

- 54-57쪽에서 예수님과 엠마는 우물가의 여인(엠마도 마찬가지지만)에게 좌절을 안긴 세상사에 대해 이야기를 나눈다. 커다란 좌절을 맛본 적이 있는가? 어떤 일이었는지 이야기해보라.

- 엠마가 우물가의 여인에게 해주겠다는 조언들을 어떻게 평가하겠는가? 그런 충고는 어떤 식으로 여인의 필요를 채울 수 있는가? 그럴 수 없다면 그 까닭은 무엇인가?

- 부자 청년과의 만남을 통해 예수님이 엠마에게 준 가장 큰 가르침은 무엇인가?

5

- 예수님이 지목하신 인류의 가장 큰 문제는 무엇인가? 그 문제를 해결하기 위해 하나님은 어떤 조치를 취하셨는가?

- 예수님이 엠마의 참다운 정체성은 더 이상 죄인이 아니라는 취지의 말씀을 하신 까닭은 무엇인가? 이 말에 담긴 참뜻은 우리의 삶과 어떤 연관이 있는가?

6

- 요한이 죽었다는 소식은 예수님에게 정서적으로 어떤 영향을 미쳤는가? 전갈을 받은 뒤, 예수님은 곧바로 무슨 일을 하길 원하셨는가? 대신에 어떤 일이 일어났는가? 거기에 대한 주님의 반응은 어떠했는가?

- 예수님은 엠마에게 사랑에 대해 무엇을 가르치셨는가?

- 하나님은 구원을 이루기 위해 우리가 살아가면서 만나는 까다로운 사람과 고단한 일들을 어떻게 사용하시는가?

7

- 예수님이 엠마에게 온전해지려면 반드시 용서해야 한다고 말씀하신 이유가 무어라고 생각하는가?

- 엠마가 용서 대신 쓰라린 상처를 선택한다면 어떤 일이 일어날 것이라고 예수님은 말씀하시는가? 자신의 삶을 돌아볼 때, 쓰라린 감정은 어떤 결과를 불러온다고 생각하는가? 또 용서는 어떤 열매를 맺는가?

- 어떤 면에서 용서하지 않는 게 용서하는 쪽보다 더 어려운 길이라고 보는가?

- 예수님은 엠마가 제힘으로 제이슨을 용서할 수 있기를 기대하

셨는가? 어떤 면에서 그러한가? 어떤 면에서 그렇지 않은가?

8

- 영적으로 성장하기 위해 당신에게 가장 필요하다고 생각하는 일 세 가지를 꼽아보라.
- 엠마가 정리한 목록을 보고 예수님이 그 어느 것도 성장을 이끌지 못한다고 말씀하신 까닭은 무엇인가? 예수님은 그런 일들을 단념하도록 설득하고 계시는 것인가?
- 마지막 부분에 나오는 엠마의 질문에 대한 당신의 답변은 무엇인가?

9

- 하나님에 대해 그리고 제이슨과의 관계가 깨진 데 대해 엠마는 무엇을 배웠는가?
- 폭풍우가 삶에 몰아칠 때 어떤 선택에 직면하게 된다고 예수님은 말씀하시는가? 당신 삶에 몰아친 풍랑에 이 말씀을 어떻게 적용할 수 있는가?
- 고깃배가 반대편에 도착했을 때, 엠마는 무엇을 배웠는가?

10

- '무엇이 나를 영적으로 성장하게 하는가?'라는 질문과 관련해, 엠마는 어떤 사실들을 깨달았는가? 무엇이 그 답을 분명하게 다가오도록 해주었는가?

- 영적인 훈련에 관하여 예수님은 엠마에게 어떤 가르침을 주었는가?

- 예수님은 엠마의 삶을 엠마와 똑같은 시선으로 바라보는가? 마지막 부분에서, 예수님은 엠마와 그 삶을 어떻게 규정하는가?

11

- 예수님이 마리아와 마르다를 만나고 난 뒤에 우신 이유는 무엇인가?

- 장차 있을 일을 바라보고 사는 삶과 지금 그분 안에 머무는 삶을 비교해 예수님이 들려주신 이야기의 핵심은 무엇인가?

- 우리가 잘 살아가도록 예수님이 도와주시는 것과 주님이 우리 안에서 그분의 삶을 사는 것 사이의 차이점은 무엇인가?

12

- 마리아가 향유를 부은 이야기를 읽으면서 무엇을 느꼈는가?

- 예수님은 그날 밤에 벌어진 일이 세 가지 삶에 대한 이야기를 잘 보여준다고 말씀하신다. 누구의 이야기였는가? 어떤 내용이 었는가?

- 어떤 삶의 이야기가 지금 자신의 상태를 잘 설명한다고 생각하는가?

- 헌신과 포기 사이에는 어떤 차이가 있는가? 예수님이 엠마에게 하늘 아버지는 포기를 원하신다고 말씀하신 까닭은 무엇인가?

13

- 예수님이 제자들의 발을 씻겨주신 사건을 보면서 무엇을 배웠는가?

- 예수님을 떠나서는 아무것도 할 수 없다는 말은 무슨 뜻인가?

- 예수님이 어떤 의미에서 제자들에게 그분 안에 머물러 있으라고 말씀하셨다고 생각하는가?

14

- 십자가 사건과 관련해 이 글에서 분명하게 깨달은 진리가 있다면 세 가지만 추려보라.

- 천사가 십자가에 못 박은 양피지 문서에는 어떤 효력이 있는

가? 골로새서 2장 14절도 함께 보라.

• 사도 바울은 고린도후서 5장 21절에서 하나님이 예수님에게 죄를 씌우셨다고 했다. 여기에는 어떤 의미가 담겨 있다고 생각하는가?

• 바울은 로마서 6장 6절에서 우리의 옛 자아가 그리스도와 함께 십자가에 못 박혔다고 말한다. 엠마는 무엇이 예수님과 더불어 십자가에 달려 있는 걸 보았는가? 그런 사실이 엠마의 삶에 어떤 영향을 주었는가?

15

• 예수님은 엠마에게 "당신은 더 이상 죄인이 아니에요"라고 말씀하신다. 주님은 무얼 기준으로 엠마의 정체성을 규정하시는가? 거듭남인가? 아니면 행위 또는 공로인가? 이것이 자신에게 어떤 의미를 갖는지 생각해보라.

• 엠마가 무엇으로든 심판받을 가능성에 대해 예수님은 어떻게 말씀하시는가?

• 엠마가 여전히 죄를 짓는 문제에 대해 주님은 어떻게 가르치시는가? 주님의 말씀이 그 문제에 확실한 답이 되는가?

• 머무는 일에 관한 주님의 가르침을 자신의 말로 정리해보라.

- 제이슨과의 깨어진 관계에 대해 엠마는 결국 어떤 사실들을 깨닫게 되었는가? 그런 깨달음들을 자신의 삶에 어떻게 적용할 수 있을지 생각해보라.

에필로그

- 현실로 돌아왔을 때 엠마는 하나님과 대화하면서 어떤 선택을 했는가?
- 하나님이 그와 비슷한 선택을 요구하신 적이 있는가?
- 요한복음 14장 21절 말씀에서, 예수님은 그런 길을 가는 이들에게는 어떤 일들이 일어나리라고 말씀하시는가?